轻松攒够养老金

方铭辉 —— 著

中信出版集团 | 北京

图书在版编目（CIP）数据

轻松攒够养老金 / 方铭辉著 . -- 北京：中信出版社，2023.7
ISBN 978-7-5217-5620-3

Ⅰ.①轻… Ⅱ.①方… Ⅲ.①退休金－基本知识－中国 Ⅳ.① F249.213.4

中国国家版本馆 CIP 数据核字（2023）第 065819 号

轻松攒够养老金
著者： 方铭辉
出版发行：中信出版集团股份有限公司
（北京市朝阳区东三环北路 27 号嘉铭中心　邮编　100020）
承印者： 北京诚信伟业印刷有限公司

开本：787mm×1092mm　1/16　　印张：15　　　　字数：137 千字
版次：2023 年 7 月第 1 版　　　　印次：2023 年 7 月第 1 次印刷
书号：ISBN 978-7-5217-5620-3
定价：68.00 元

版权所有·侵权必究
如有印刷、装订问题，本公司负责调换。
服务热线：400-600-8099
投稿邮箱：author@citicpub.com

前言

努力与"躺平"

人生最理想的状态，是能够完全按照自己的意志来生活。达成这种状态需要两个基本条件：自由支配的时间和足够的钱。但在现实中，自由支配的时间和足够的钱往往是矛盾的，大多数人需要不断用自己的时间去工作赚钱，而大多数的工作又都那么不自由。为了一份好的工作，我们还需要不断付出努力。

那什么时候才能达到人生的理想状态呢？应该是退休之后。

退休了，我们就有了自由支配的时间。但能不能达到人生最理想的状态，还取决于我们有没有足够的养老金。如果两者兼备，我们就终于可以舒服地"躺平"了。

所以，今天的一切努力，都是为了明天能更好地躺平。

这句话，解释了为什么我们现在要工作，也很好地诠释了养老的逻辑。

从短期看，我们工作挣钱，是为了支付生活所需的消费以及梦想所需的筹码。从长期看，我们在"当打之年"的努力付出，是为了自己未来在"卸下戎装"退休之后依然能够老有所养。

虽然养老的概念和意识我们都已了解和具备，但在现实中，却被眼前的杂事所纠缠，顾不上养老那么"遥远"的事。每月的房租或房贷、日常消费、养娃开支，每年的保险费、物业费、旅游费、孩子的课程费、老人的赡养费、家人的医疗开销，以及几年内买房或改善住房计划、买车或升级座驾目标、孩子的教育留学规划……柴米油盐、衣食住行、琴棋书画、婚丧嫁娶、生老病死，还有心中的诗和远方，哪一件事不需要钱来支付？想到这些，养老的规划就显得不那么迫切了。也有人选择"断舍离"，不要婚姻、不要房子、不要孩子，就地躺平，似乎能省掉不少大额开销。

但无论我们是哪一种人，无论我们做什么选择，我们都有一天会老，也都会面临养老问题。

退休以后的世界，才有可能是完全属于自己人生的开始。我们终于可以完全遵从自己的意愿，不必再听从任何上级的指示。我们可以去北欧看看挪威的森林，也可以去东南亚吹吹湿润的海风；我们可以去成都的街头尝尝麻辣小吃，也可以自己在家煮一杯香醇的咖啡；我们可以置换一套舒适的宅子，也可以搬到海边每天看看海鸟和夕阳；我们可以在家照顾可爱的孙辈，也可以去公园会会心仪的"老李"。

仔细想想，很多人所梦想的财务自由，也就是不用工作，还能有足够的资金来支撑自由的生活，这不就是退休了还有足够的养老金来生活吗？

养老金的多少决定了我们退休后的生活质量，决定了完全属于我们自己的人生该如何开启。如果我们在人生的上半场觉得还留有遗憾，那么提前布局人生的下半场，才有机会让自己感受到

"人间值得"。

但是养老金是要提前进行规划的。现在已经退休的老年人，养老金的形式还比较单一，都叫"退休工资"。而将来，养老金的来源将非常丰富，有国家统筹发放的基本养老金，也有单位统筹建立的企业年金或者职业年金，还有个人养老金账户的养老金，此外还有个人通过储蓄、投资、购买保险等方式所积累的养老钱，甚至还可以在退休后获得很多持续性收入。这也是国家为我们规划的"多层次、多支柱"的养老金模式。这些养老金你了解多少呢？你又为自己准备了几种养老金来源呢？可能在你全身心忙于工作的同时，身边的人已经悄悄把自己的养老金安排得明明白白了。为了不让自己的后半生输在"起跑线"上，现在就得提早给自己的养老金做一个清晰的布局。

回答下面几组关于养老金的问题，可以看出你对养老金是否有足够的了解，也可以确定本书对你的吸引力有多强。

关于你的养老金领取额度：

- 你知道在你退休之后，每个月能领多少养老金吗？
- 到底要存多少钱，才够自己养老？

关于你的养老金领取来源：

- 你能领取的养老金有多少种？都是谁发的？
- 社保、企业年金、职业年金、个人养老金、商业养老金，你知道这些养老金都是什么吗？你都准备了吗？

关于你的养老金领取方式：

- 养老金是活多久就能领多久吗？还是有一个总额，领完就没有了？
- 领取养老金时还要缴税吗？需要缴多少？哪种领取方式可以少缴税？
- 养老金能一次性领取吗？
- 养老金可以跨省领取吗？
- 移民了还能领取养老金吗？

关于养老金的缴存与投资：

- 你现在有多少比例的工资缴了养老金？
- 你开立个人养老金账户了吗？有必要开吗？开立个人养老金账户之后该怎么投资呢？
- 你所在的单位有企业年金吗？到这个月为止你的年金总额累积了多少？
- 如果单位没有企业年金，可以自己建立年金吗？
- 要缴多少年社保才有资格领取养老金？中间断缴了会有影响吗？

关于养老金的一些关键问题：

- 现在的国家基本养老保险是现收现付制，自己缴的养老金都被已经退休的人领了，而随着人口出生率的下降，等自己老了，就领不到多少养老金了。这个说法对吗？
- 基本养老保险累计缴 15 年就可以领取养老金了，那是不是只缴 15 年最划算？
- 换工作对养老金有影响吗？如果打算跳槽，在养老金方面应该注意什么？

这些都是非常基础的养老金问题，如果你全都可以回答上来，那么你已经为自己的未来做好了比较充足的准备。如果这些问题里还有你回答不了的，那么本书可以给你想要的答案。不仅如此，本书还会给你一些"标准答案"，帮你省下研究养老金政策的时间和精力，想要好好布局自己的下半生，只要看这本书"抄作业"就可以了。

栽一棵树最好的时间是十年前，其次是现在。
——丹比萨·莫约（Dambisa Moyo），《援助的死亡》（*Dead Aid*）

引言
你理想的养老生活是啥样

- 跳广场舞和捡瓶子的老人 / 3
- 养老金的三个支柱 / 4
- 养老路上的四只拦路虎 / 5
- 需要多少钱才够养老 / 9
- 轻松攒够养老金的三步法 / 15
- 应该从多少岁开始攒养老金 / 17
- 你的养老金做隔离了吗 / 18
- 建立自己的养老账簿 / 20

第一篇
基础养老——福利呀！制度型养老金

第一章
国家养老：统筹普惠的基本养老

- 我们缴纳的基本养老保险会被领光吗 / 29
- 我退休了能领多少社保养老金 / 34
- 为什么一定要缴社保 / 38
- 没有单位缴社保，要不要自己缴 / 40
- 社保应该缴多少年 / 42

基本养老保险有几种 / 43

在哪个城市退休最划算 / 47

社保资金是如何投资的 / 50

第二章
单位养老：企业年金和职业年金

养老金的第二支柱 / 55

你的单位对你是真的好吗 / 57

年金值得交吗 / 58

年金能交多少 / 60

我能领多少年金 / 62

满足什么条件可以领取年金 / 64

更换工作单位，年金怎么办 / 66

年金是怎么投资的 / 68

第三章
自己养老：开启个人养老金账户

第三支柱，来了 / 73

个人养老金的三大优势 / 74

个人养老金账户适合所有人吗 / 76

假如每年顶额存入，到退休时有多少个人养老金 / 78

该去哪家银行开个人养老金账户 / 81

领取个人养老金需要满足什么条件 / 83

个人养老金如何交费与投资 / 84

养老储蓄的投资 / 85

养老理财的投资 / 86

专属商业养老保险的投资 / 87

养老目标基金的投资 / 89

养老储蓄、理财、保险和目标基金的对比 / 90

第二篇
进阶养老——还不够？自己再补充一些

第四章 提早规划： 多维补充 养老金来源	三个支柱够我们养老吗 / 97 "理财投资"和"养老投资"不一样 / 101 做好"四种钱"的规划 / 102 进阶补充养老的资产配置 / 105 2035 年以后的消费模式 / 107 诗和远方很美，当下也很重要 / 110
第五章 保险配置： 消除后顾 之忧	你有几张保单 / 115 四要素识别一切保险 / 117 越早买越便宜的重疾险 / 119 实现看病自由的医疗险 / 123 并非鸡肋的寿险 / 125 杠杆强大的意外险 / 127 给自己上一份年金险 / 128 年金险与增额终身寿险的比较 / 130 你的单位给你上团险了吗 / 131 一举两得的商业养老金 / 133
第六章 稳健投资： 用时间换取 收益	现金管理也有生财之道 / 141 时间换钱的固定收益 / 146 神奇的循环定期储蓄 / 148 玩转银行理财 / 151 银行理财会赔本吗 / 156

	长短投皆宜的债券型基金 / 157
	时髦的"固收+"策略 / 162
第七章	让人又爱又恨的权益类资产 / 167
权益投资：	基金比股票更适合养老金配置 / 169
分享经济	和巧克力一样的公募基金分类 / 170
增长的红利	定量和定性遴选公募基金 / 173
	懒人福利之指数基金 / 177
	适合积累养老金的基金定投 / 179
	适合领用养老金的基金定赎 / 180
	银行理财与公募基金的选择 / 181

第三篇
高阶养老——你也行！创造持续性收入

第八章	进入舒适区赚钱 / 187
价值输出：	越老越值钱的专业知识 / 189
以技术换取	老年人的自媒体 / 190
持续性收入	有一种收入叫版税 / 191
第九章	股权永远不会退休 / 197
坐享红利：	持股收息，以股养老 / 199
股东们的	通过私募股权基金来买公司 / 200
养老方式	如何选择私募股权基金 / 203

第十章
以房养老：
与不动产的
长期契约

比工资还稳定的房租收入 / 209
不动产与金融资产养老的比较 / 211
投资不动产需要考虑的问题 / 213
关于商业不动产的传说 / 217
以房养老的新型保险 / 219

结语 / 221

引言
你理想的
养老生活
是啥样

罗马的小巷

午后，暖和的阳光洒在亚平宁半岛。罗马的小巷里，熙熙攘攘的市民与游客享受着属于自己的时光，其中不乏头发花白的老人。想在花甲之年坐在意大利街头品尝一杯纯正的意式咖啡吗？

跳广场舞和捡瓶子的老人

在很多城市的广场上，我们经常能看到这样的景象：广场的中心是一群退休的老人，他们正在欢乐地跳广场舞，而广场的角落，也有年龄相仿的老人在垃圾箱里捡饮料瓶。

表面上看，似乎是有贫富差异，其实并非这么简单。跳舞的老人并不一定富有，而捡瓶子的老人也未必就没有房子和存款。关键的区别，其实是在于他们有没有养老金。在广场欢乐起舞的老人大多是有养老金的，而捡瓶子的老人很可能没有养老金。

能否在不劳动的情况下获得持续性的收入，决定了老人的心态。如果不论还能在这个世界上活多久，都有一份稳定的收入，作为老人，何不去尽情享受天伦之乐呢？

除了跳舞的老人，还有很多旅游的老人、学习的老人、下棋的老人、品茶的老人……他们都是快乐的老人。想做一个快乐的老人，最好有能够持续领取的养老金，而我们自己的养老金，只能由我们自己尽早规划。

尽早规划养老金会对我们现在的生活产生很大影响吗？其实并不会。我们现在的资产和收入情况，已经决定了我们的消费观和生活质量。养老规划，不会让我们每餐少一个菜，也不会牺牲我们当下的育儿、旅游开销，只会在我们的理财与消费观里加一根养老的弦，从而令我们在一些可有可无的花销上认真考虑是不是真的要花这些钱。比如，本来打算在一年内买两个名牌皮包，考虑是不是有一个就足够了。又比如，购买新座驾时，同款车的高配版有漂亮的20英寸（50.8cm）大轮毂以及其他奢华配置，但贵出几万元钱，而中配版也能满足自己的所有硬性需求，考虑是不是买中配版就可以了。某些奢侈性消费往往是在还没拥有时是最令人渴望的，而一旦得到，很快就会失去新鲜感。但如果能够将这些不必要的花销转化成自己养老金的一部分，能够让未来的自己拥有更好的生活，是不是更明智呢？

养老金的三个支柱

很多国家的养老金体系都是由"三个支柱"构成的，我们国家也不例外。简单来讲，三个支柱就是国家养老、单位养老和个人养老。这三个支柱，共同支撑起每一位国民可以安度晚年的养老金体系。

第一支柱是由国家主导建立的基本养老保险，也就是我们常说的"五险一金"中的养老保险。基本养老保险由用人单位和职工共同缴纳。根据人力资源和社会保障部的数据，截至2022年年末，全国基本养老保险参保人数约为10.5亿人，基本实现了劳动人口全覆盖，社会保险基金累计结余为7.4万亿元。

第二支柱是由企事业单位发起设立的职业养老金，包括企业年金和职业年金。企业年金和职业年金也是由用人单位和职工共同缴纳的。企业年金是企业为其职工在参加基本养老保险的基础上自主建立的补充养老保险制度，职业年金是机关事业单位为其工作人员在参加基本养老保险的基础上建立的补充养老保险制度。截至2021年年末，我国参加企业年金和职业年金的人数约为7 200万人，占我国总人口的5%左右。企业年金和职业年金的累计规模约为4.4万亿元。

第三支柱是由居民个人自愿开立账户进行投资，由商业机构提供产品的个人养老金。2022年国务院办公厅发布了《关于推动个人养老金发展的意见》，明确"国家制定税收优惠政策，鼓励符合条件的人员参加个人养老金制度并依规领取个人养老金"。在个人养老金制度发展初期，对交费者按每年12 000元的限额予以税前扣除，投资收益暂不征税，领取时享受3%的优惠税率。截至2022年年末，个人养老金参加人数为1 954万人，交费人数为613万人，总交费金额为142亿元。

这三个支柱，构成了我们养老金的基本架构，是三种养老金的来源。你都已经参加了吗？这三种养老金在交纳形式、投资渠道和领取方式上，都有较大的差异，而且彼此之间是有互补性的。要想用好这三个支柱撑起自己的养老生活，就需要尽早了解交费和领取规则，并做好相应的安排。

养老路上的四只拦路虎

在我们通往养老的道路上，会受到四只拦路虎的阻挠，这四只拦路虎分别是通货膨胀、健康状况、战略开支以及过度消费。从是否可以主观控制的角度上看，通货膨胀和健康状况属于客观因素，是超出个人控制能力的；战略开支和过度消费属于主观因素，是我们可以主观控制的。从社会和个人因素的角度上看，通货膨胀和战略开支属于社会因素，是大多数社会居民共同面临的问题，而健康状况和过度消费属于个人因素，与每个人自身的情况有关。按照这两个维度，我们可以得到一个四象限图（见图0-1），在每个象限里都盘踞着一只养老路上的拦路虎。

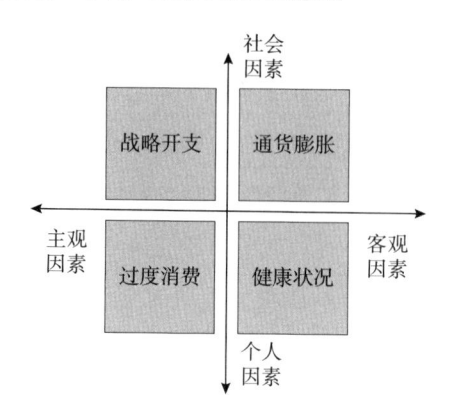

图0-1 养老路上的四只拦路虎

通货膨胀

花同样的钱，在超市能买到的生活用品相比5年前变少了，很可能是因为出现了通货膨胀。通货膨胀就是发行的货币量超过了市场上实际需要的货币量，导致商品价格上涨。假如市场中只有货币和牛奶，原来市场上有1 000万元货币，同时有100万桶牛奶供应，那么牛奶的价格就是1 000（万元）÷100（万桶）=10（元/桶）；如果市场上的货币增加到1 500万元了，但牛奶还是100万桶，这时候牛奶的价格就变成了15元/桶，10元就买不到一桶牛奶了。所以，当通货膨胀发生时，消费者会感觉到物价贵了，货币的购买力下降了。也正是因此，在大多数人的眼里，通货膨胀不是一件好事。实际上，通货膨胀并不一定是负面的，可能意味着经济增长，物价上涨会使企业的利润增加，从而促进企业扩大生产；同时，企业职工的薪资也会上涨，进而带动消费需求增长。生产供给和消费需求相继增长，会形成良性循环，经济就逐渐走向繁荣。所以，只要能够保持温和适度的通货膨胀，对于宏观经济而言其实是一种积极的信号。

但是，通货膨胀对于退休老人来说却是不友好的。一方面，通货膨胀虽然伴随着企业职工工资上涨，但退休人员却很难享受到这份福利，即便养老金会随着平均工资而有所上调，可其上调幅度是远远赶不上在职人员的工资上涨幅度的。另一方面，除了养老金，大多数退休老人还是会有一些存款积蓄的，而通货膨胀会直接提升物价，降低货币购买力，也就相当于稀释了老人手中的存款。

在经济学上，会用居民消费价格指数（Consumer Price Index，简写为CPI）来衡量通货膨胀的程度。如果人们的养老金或者存款的收益率赶不上CPI，那就相当于自己的资产被通货膨胀"抽成"了。所以，通货膨胀是我们养老道路上的一只可怕的拦路虎，它可能会在不知不觉中稀释我们辛苦积攒的养老金。

健康状况

随着年龄的增长，尤其是到了老年，身体各项机能会出现下降，健康会成为一种奢侈品。如果身体出现问题，就免不了要到医院看病。就医看病，特别费钱。

虽然大多数基本的医疗开销是纳入基本医疗保险报销范围的，但如果想要选择更好的医疗服务和医疗环境，很多项目并不在基本医疗保险报销的范围。特需号、进口药、独立病房、外科手术动辄需要成千上万元的花销。这些开销大多数是在基本医疗保险报销范围之外的，或者基本医疗保险只能报销其中较小的比例。以医院的重症加强护理病房（ICU）为例，每天使用费用需要上万元，在里边住上 1~2 周，就是十几万元的开支，而基本医疗保险对于 ICU 的报销比例只有 40%。对于老人而言，一场大病很可能会快速消耗掉自己的养老金。

如果是需要长期护理的失能老人，不仅生活质量大打折扣，所需的医药费和护理费开销更是像拧不上的水龙头。所以，健康状况是我们养老道路上的另一只拦路虎。如果被疾病缠身，老人在遭受病痛折磨的同时，养老金也会或快或慢地被医疗费用吸干。

战略开支

不少年薪几十万元甚至上百万元的朋友，却存不下什么钱，很可能是因为大额战略开支太多。只要是在城市里工作生活，买房换房、买车换车、结婚生育、子女教育，哪个都需要六七位数以上的开支。

人生之中的一个又一个战略规划，犹如一座又一座高峰，等待我们不断攀登。攀登这些高峰消耗的是我们的钱袋子，而我们养老的钱，也出自这个钱袋子。这些战略规划都是既重要又急迫的目标，唯有养老，虽然重要，却显得不那么紧急。所以，战略开支也是我们养老路上的一只拦路虎。而且这只拦路虎很可能是最凶猛的一只，因为一旦管理不好战略开支，不仅存不下养老钱，或许还没到退休，就已经连应对突发事件或疾病的应急救命钱都没有了。甚至一些人因为战略花销而过度透支，退休后不仅没有存款，还得继续还贷。

过度消费

"人生苦短，要对自己好一点。"很多人在购买昂贵的东西时，都是拿这句话来安慰自己的。这句话本身并没有错，对自己好一点也没有错。但如果养成了过度消费的习惯，买单的其实是老年的自己——对现在的自己好一点，可能就会对老年的自己苛刻一点。

人们所有的需求都是合理的，但欲望是无止境的。在消费的时候，我们很难分辨是基于自己真实的需求还是冲动的欲望。不过随着时间流逝，回头看看，似乎很容易分辨出哪些花销是我们真正需要的，哪些花销会让我们后悔。

过度消费行为，会破坏我们的财务健康，而且会形成不好的消费习惯，这也是我们养老道路上的一只拦路虎。

在养老的道路上，有这么多只拦路虎盯着我们的钱袋子，会让人感到焦虑和不安。但其实也不用慌，这四只拦路虎，其实都是纸老虎，只要掌握了应对方法，都能逐一击破。合理的养老金投资可以跑赢通货膨胀；正确运用保险等工具可以对冲健康状况的不确定性；做好大额资金提前规划，并进行养老金分账管理，可以从容应对战略开支；调整消费理念，养成合理消费习惯，就可以避免过度消费。具体如何操作，在本书后边的章节会逐一介绍。

需要多少钱才够养老

到底需要多少钱才足够我们养老？为了得到一个相对确定的

数字作为答案，我们首先需要确定一下：我们需要什么样的老年生活。为简单起见，我们姑且将老年生活的经济状态分为三类：温饱的老年、舒适的老年、富足的老年。

温饱的老年

温饱的老年，就是能够自给自足，养老金可以满足基本生活的老年。这里我们引用一个数据，就是居民消费水平。居民消费水平是按常住人口平均计算的居民消费支出，可以理解为每年每个居民平均消费了多少钱。这个数字基本反映了满足居民正常生活的消费水平。一位退休老人，每年领到的养老金只要达到这个数字，就可以维持温饱的老年生活。比如，2021年我国的居民消费水平是31 072元，那么在2021年如果退休老人能够拿到31 072元，就基本可以保证温饱的老年生活。

但是，随着居民生活水平的不断提高，居民消费水平也是不断增长的，而且增长得非常快。这就意味着2021年用31 072元可以过上温饱的老年生活，但3～5年后用31 072元未必还能过上温饱的老年生活，因为有通货膨胀因素的存在，而且居民消费水平也在提高。那么我们就需要计算一下，如果退休后每年都能拿到与居民消费水平相当的养老金，折算到退休时点是多少钱？

我们看一下2012—2021年这10年的居民消费水平，年度平均增长率高达9.26%。可以发现，消费水平的增长其实是高于通货膨胀水平的（见表0-1）。

表0-1 2012—2021年的居民消费水平

年份	居民消费水平（元）	增长率（%）
2012	14 074	—
2013	15 586	10.74
2014	17 200	10.36
2015	18 857	9.63
2016	20 801	10.31
2017	22 968	10.42
2018	25 245	9.91
2019	27 504	8.95
2020	27 439	-0.24
2021	31 072	13.24

资料来源：国家统计局官方网站。

我们按照2012—2021年这10年9.26%的年度平均增长率进行计算，预计2030年的居民消费水平为68 948元，预计2040年的居民消费水平为167 160元。假设一位老人在2021年退休，按照同期我国人口77.93岁的平均预期寿命，[①] 则老人从退休直到78岁，在每年的养老金都与当年居民消费水平相当的情况下，一共需要146.96万元的开销才能够保障温饱的养老水平。当然，这个数字包含了居民消费水平的增长情况，也就包含了通货膨胀的影响。

这146.96万元是未来每年的养老金或消费值的合计金额，如果想知道在60岁的退休时点需要多少钱才能保证晚年享受温饱的养老水平，只需要计算146.96万元的折现价值，也就是计算未来的146.96万元相当于现在（老人退休时点）的多少钱。之所以折

---

① 资料来源：国家统计局官方网站，根据人口普查数据计算。

现，是因为养老金是有投资收益的。折现率我们选取同期中国人民银行的 3 年期定期存款利率，就可以得到 90.18 万元的现值。也就是说，在 2021 年的退休时点，一位老人只要攒够大约 90 万元的养老金，就可以保障自己在退休后享受温饱的养老水平了。

需要补充说明的是，为了得到一个更加准确的结果，在计算中采用了国家统计局公布的居民消费水平数据；对于未来消费水平采用了动态预测，使用过去 10 年的平均增长率来反映消费能力的不断增长；在计算总体所需养老金反映到当下时点对应的金额时，对未来消费总额进行了折现处理；在计算年限时采用了国家统计局公布的平均预期寿命。在所有数据都使用平均值的前提下，所测得的结果也是一个平均值概念。

平均数据反映的是平均情况，如果想得到更符合自身情况的数字，可以采用以下两个方法。一是如果希望得到在某个特定城市养老所需的养老金数字，可以用某个城市的居民消费水平数据替换上述全国平均居民消费水平数据。二是如果觉得 77.93 岁的平均预期寿命不够，自己有长寿基因，那么也可以直接使用自己的期望寿命进行计算。比如按照 90 岁的期望寿命进行计算，满足温饱水平的养老金在折现后的现值是 214.99 万元，也就是说一位老人只要攒够 214.99 万元的养老金，就可以保障自己从退休到 90 岁一直享受温饱的养老水平。

舒适的老年

居民消费水平仅仅是一个平均值，因此用这一数值测算出来的数据只能代表满足基本生活的养老金。如果我们希望有一个舒适的老年生活，就需要更多的养老金。那么具体需要多少呢？由于"舒适"是一种主观感受,每个人的标准都会不一样。这里我们假设舒适的养老生活与自己退休前的消费水平不存在太大差异。基于这一假设,保障舒适的养老水平所需的养老金为:

居民消费水平 + 50% × 退休前可支配收入

在保证温饱养老水平的基础上,还需要退休前可支配收入的50%的养老金,就可享受舒适的养老状态了。之所以是50%,是因为我们在年轻时,除了生活所需,还需要负担很多其他开销,例如房贷、子女教育等。但是在退休之后,很多开销就不再需要负担了。商业银行在审批个人贷款额度时,也是将个人可支配收入的50%作为月供还款额上限的衡量标准。

如果某人在2021年时到了60岁退休年龄,退休前的税前年收入为50万元,缴纳五险一金及个人所得税后的可支配收入大约是37.2万元。那么在退休的第一年,他享受舒适的养老水平所需的养老金为:

31 072(元)+ [37.2(万元)× 50%] = 21.7(万元)

其中31 072是当年居民消费水平,37.2(万元)× 50%是退休前可支配收入的一半。还是按照同期我国人口77.93岁的平均预期寿命,那么他从退休直到这个年龄,一共需要603.09万元的开销才能够保障舒适的养老水平。① 将603.09万元按照同期中国

---

① 在计算时,退休前可支配收入也按照3年期定期存款利率进行了时间价值处理。

人民银行的 3 年期定期存款利率进行折现，就可以得到 370.09 万元的现值。也就是说，在 2021 年的退休时点，退休前税前年收入为 50 万元的人，需要攒够大约 370 万元的养老金，就可以保障自己在退休后享受舒适的养老水平了。

富足的老年

富足的老年，应该能够保证退休后的生活品质不会因为退休而产生任何影响。也就是保持退休前 100% 的购买力，还能负担购房换房、旅游娱乐以及兴趣爱好等多元需求，甚至在经济上对子女给予支持。显然，要保证退休后的生活质量不打任何折扣，那么养老金也需要与退休前的收入水平保持一致才行。基于这一假设，保障富足的养老水平所需的养老金为：

$$100\% \times 退休前可支配收入$$

之所以没有考虑居民消费水平，是因为富足的养老水平应该已经远远超过了全国平均消费水平，考虑居民消费水平的意义并不大了。

还是前面的例子，如果某人在 2021 年时到了 60 岁退休年龄，退休前的税前年收入为 50 万元，缴纳五险一金及个人所得税后的可支配收入大约是 37.2 万元。自退休起，他仍然按照每年 37.2 万元的标准享用养老金，并按同期中国人民银行的 3 年期定期存款利率计算每年的增值，参照同期我国人口 77.93 岁的平均预期寿命，则他从退休直到这个年龄，一共需要 912.25 万元的开销才能够保障富足的养老水平。将 912.25 万元按照同期中国人民银行的 3 年期定期存款利率进行折现，可以得到 559.81 万元的现值。也就是说，在 2021 年的退休时点，退休前税前年收入为 50 万元的人，需要攒够大约 560 万元的养老金，才可以保障自己在退休后享受富足的养老水平。

轻松攒够养老金的三步法

核心问题来了，应该怎么做才能攒够我们的养老金呢？其实非常简单，只要按照三步法，再根据自己的实际情况，参照本书后面的篇章介绍的详细方法"抄作业"，就可以轻松攒够需要的养老金了。

攒够养老金的三步法如下。

- 第一步：先用足制度型养老金，最大化享受税收优惠政策，攒够满足温饱生活的养老金。
- 第二步：设置隔离账户建立自己的养老金储备，并通过合理的理财投资或购买商业养老金，攒够满足舒适生活的养老金。
- 第三步：通过建立退休后的持续性收入，攒够满足富足生活的养老金。

第一步提到的制度型养老金，就是国家为我们准备的养老金三个支柱。这三个支柱其实都有不同程度的税收优惠政策，而且第一支柱和第二支柱的养老金会由工作单位承担一部分，我们能受到单位缴存、税收减免、投资收益这三大杠杆的加持。

第三支柱的个人养老金账户，虽然每年享受税收优惠的投资额度有限，但税收优惠幅度较大，如果投资产品选得好，也能够获得不错的养老金累积效果。这三个支柱都是制度型养老金，与我们其他资产是"硬隔离"的关系，不到我们退休是无法领取的。如果将制度型养老金全都利用好，就能基本攒够满足温饱生活的养老金，为自己的养老金奠定一个底层基础。而且在税收优惠以及单位缴纳的加持下，制度型养老金的积累其实对我们在退休前的收入影响是最小的，基本不会影响我们的正常生活。

第二步是需要我们建立自己的养老金储备。自己建立养老金储备也属于广义的第三支柱，是在个人养老金账户每年享受税收优惠的额度之外，我们为自己补充建立的养老金。这里有两个核心操作技巧：一是只有建立隔离账户，才能更有效地应对战略开支这只拦路虎，减少其对养老金储备的影响；二是做好投资规划和投资管理，选择适合的产品，能够获得事半功倍的效果。

如果做到了第一步和第二步，基本可以保障自己享有一个舒适的老年生活。如果想更进一步，就可以尝试第三步，为自己的老年生活锦上添花。第三步的核心在于打破"坐吃山空"的局面，通过"拿稳资产，坐吃利息"的方式，或者通过提供"高价值的技术性劳务"实现持续性收入。

这三步看上去很简单，其实在实际操作上也像看上去这么轻松。有一些关键动作，只要都做到了，攒养老金就能成为一件习惯成自然的事情。

应该从多少岁开始攒养老金

攒养老金，要越早越好，对吗？其实并不一定。

对于刚刚工作的年轻人来说，收入比较有限，却有很多需要用钱的地方，过早开始攒养老金会降低当下的生活质量。

中国的传统文化讲究"天时"，就是说要在合适的时间做合适的事情。而我们攒养老金，也要有适合自己的节奏和步骤。

前文提到了攒够养老金的三步法，这三步的开始时间是不一样的。在第一步中第一支柱的基本养老保险和第二支柱的企业年金或职业年金都包含单位缴存部分，一定要从参加工作起就开始缴存。这部分养老金是按照我们工资的比例进行缴纳的，而且是单位与个人共同缴纳，所以开始工作时只缴纳很小的额度，对我们的生活并没有太大影响。后续随着工作年限的增加，工资也会增加，第一支柱和第二支柱养老金缴纳的额度也会增加。而基本养老保险在领取时是会计算缴纳年限的，所以一定要从入职时就开始缴纳。如果是自己创业，或者单位还没有条件设立五险一金和年金，则可以自行缴纳基本养老保险。

而对于第三支柱的个人养老金账户，从自己收入适用的个人所得税税率超过个人养老金支取时享受的优惠税率（目前为3%）的那一刻起，就应该开始交纳。这样可以确保自己享受到最大化的基础养老金积累和税收优惠政策。详细的操作方法，在第三章中会详细介绍。

第二步自建养老金储备的开始时间，则无须过早。第一步的三种制度型养老金因为可以享受税收优惠，所以需要尽早开始缴纳，但第二步的自建养老金储备所使用的资金，都来自我们的税后可支配收入,这部分养老金会直接与我们当下的生活"抢钱",所以,这一步要量力而行。第二步的养老金可以在我们实现购房、购车、结婚等阶段性战略支出之后,收入满足生活所需和应对各类开支、贷款并有盈余的基础上,再逐步建立。

第三步建立退休后的持续性收入,则因人而异。是否需要走这一步,有没有能力走这一步,什么时候开始走这一步,都要根据自己的具体情况规划确定。对于家境殷实的人,可以在自己具备资产的掌控能力时就开始建立养老资产储备,比如年纪轻轻就拥有了大量资金、房产或股权,即可直接开始筹划第三步的养老金储备。而对于长期依靠自身打拼的人,可以在自己的事业取得较大成绩之后再建立第三步的养老资产储备,甚至等到退休时再建立也来得及。

你的养老金做隔离了吗

很多人都有存钱的习惯,但因为战略开支和过度消费这两只拦路虎的存在,经常是忙活了几年却存不下多少钱。如果是用于购房等战略开支,倒也无可厚非;可如果是因为过度消费而花掉了自己的积蓄,就未免太可惜了。

有没有方法能够应对战略开支和过度消费对储备养老金的影响呢?当然有,而且特别简单。

预防传染病传播扩散的一个有效措施是隔离,对于养老金的管理也是一样,做好账户之间的隔离,就能避免受到战略开支和过度消费的影响,以保障养老金的储备。

养老金的隔离,分为硬隔离与软隔离。

硬隔离，是指资金在养老金积攒期只能进不能出，直到满足领取条件时才能领取的安排。三个支柱的制度型养老金，包括基本养老保险、企业年金与职业年金、个人养老金等都属于硬隔离，需要达到法定退休年龄才可以领取。部分保险产品，比如年金险、重疾险、寿险也基本属于硬隔离的范畴，需要触发相应条件才能领取。硬隔离的核心优势是强制储备养老金。相应的缺点是灵活性差，如果要提前支取，就只能退保，拿到折现资金，需要承担较大损失。

软隔离，是指我们在充分使用了制度型养老金之外，进行额外的补充养老金储备时，在银行自行开立一个专门用于养老金管理的银行账户，这个账户专门且只用于养老金的储备和投资，一切用于养老的保险、理财、基金都只从这个账户出入。除非遇到极特殊情况，否则不会在退休前动用这个账户的资金。软隔离其实是硬隔离的一种模拟，其实际意义在于：一方面方便我们分类管理资金，做到专款专用；另一方面也增加了我们储备养老金的仪式感，防止自己随意挪用养老资金。我们只要在银行开一张单独的银行卡，专门用于补充养老金储备，就可以实现软隔离。为了便于区分，我们可以在手机银行 App 中将这个账户命名为"我的养老金"。软隔离的优势是同样能够做到资金隔离，同时在特殊情况下急需用钱时，又可以做到自由取用。相应的缺点是，软隔离只是一种形式上的隔离，依靠的是我们的自觉性，打破隔离的成本其实很低。

软隔离还有一点非常实用的好处，就是可以在隔离账户中很清晰地查看我们购买保险和进行各类投资的账目往来，每年的保费有没有及时交纳？应该交纳多少钱？交了多少期？储蓄、理财、基金等资产投资的情况如何？这些信息只要查一下账户流水便一目了然。如果没有设置专用的养老账户，而是混在工资账户里，想查找上述信息，简直如大海捞针。

建立自己的养老账簿

在这个信息爆炸的时代，我们经常会忘记自己各种账户的密码，忘记很多物品放置的地方，甚至想不起来认识的人的名字。养老是个长期工程，会持续几十年之久。遗失银行存折或保险公司保单，还可以挂失，但是如果忘记自己在哪家银行存过钱，或者忘记自己买了哪些保险，银行和保险公司肯定不会自己找上门来主动提醒我们。所以，遗失并不可怕，遗忘才是我们需要避免的。

那如何才能做到不遗忘呢？其实非常简单，建立一个自己的养老账簿就可以了。

养老账簿是用来记录自己都有哪些养老金储备的备忘录。每个人可以用自己觉得适合的方式来进行记录。可以是一个小本子，也可以是一个储存在专用U盘或者加密云盘内的电子表格文件。通过养老账簿，我们能够对自己储备了哪些养老金和保单做到一目了然。

我们来看表0-2，这是一个用电子表格做的养老账簿，记录了簿主为自己做的所有养老金储备。表格包括基础养老、进阶养老、高阶养老三大部分，完全符合积累养老金的三步法。

表0-2 养老账簿

类别	项目	每月缴存/月供（元）	每年缴存（元）	已缴期数/总期数	保额（元）	累计额度/现值（元）	预计每年领取（元）
基础养老	（1）基本养老保险（个人）	1 526	18 312	10		282 663	
	（2）企业年金（个人）	1 269	15 228	10		24 000	
	（3）个人养老金	1 000	12 000	2		36 000	
	（4）定期存款	500	6 000			53 200	
	（5）重疾险		10 640	5/20	500 000	300 000/210 000	
进阶养老	（6）年金险		100 000	3/15			190 000
	（7）普惠健康宝		195		3 000 000		
	（8）百万医疗险		410		4 000 000		
	（9）银行理财		20 000			166 000	
	（10）基金定投	300	3 600			85 060	
高阶养老	（11）学区房（月供）	-4 526	-54 312	2/20		2 250 000	
	（12）学区房（租金收入）	2 800	33 600				33 600
合计			165 673			3 196 923	

引言 你理想的养老生活是啥样　　21

在表0-2中，（1）是基本养老保险的个人存入部分，每月存入1 526元，已经存了10年。（2）是企业年金的个人存入部分，每月存入1 269元，也已经存了10年，目前年金账户的累计额度达到28.27万元，个人的年金累计额度可以通过一些特定渠道查询，在后边的篇章会进行介绍。（3）是个人养老金账户，每年按最高额度12 000元存入，已经存了2年，如果再细致一些，也可以记录一下个人养老金账户的投资产品情况。

在进阶养老部分，（4）是定期存款，平均每月500元，一年就是6 000元。这个额度有可能会变动，所以直接记录一个累计额度也可以，表内记录的累计额度是3.6万元。（5）是重疾险，保额是50万元，一共20期，已经交了5期，每年交10 640元，目前已经累计交费53 200元。（6）是年金险，共交纳15年，每年交10万元，从60岁开始领取，每年领取19万元，目前已经交纳3期合计30万元，退保的话可拿到现值21万元。（7）和（8）分别是普惠健康宝和百万医疗险，这是两个消费型医疗险，其实算不上养老金，但一并放在养老金账簿里，当簿主因病需要用钱时，可以首先用普惠健康宝和百万医疗险进行报销，加上基本医疗保险，就基本能够覆盖医疗费用支出了，而不需要动用养老储备。（9）和（10）分别是银行理财和基金定投，都属于投资型养老储备。

在高阶养老部分，簿主贷款购置了一套学区房并用于出租，（11）表示每月以4 526元的月供偿还贷款，一共20年，已经还了2年。（12）表示每月能获得2 800元的租金收入。目前这套学区房的现值是225万元，在簿主退休时贷款已经还清，假设房租不变，就可以为簿主带来每年3.36万元的持续性收入。

这个养老账簿只是一种简单的记录形式，可能并不够严谨科学，但足以让人记住自己都有哪些养老储备。我们还可以备注储蓄的开户银行和保险公司的保险产品名称，基本就能够对自己的养老金一目了然了。如果学过会计，相信一定能做出比表0-2更加完美的养老账簿。

赶紧动手制作一个属于自己的养老账簿吧。

第一篇 基础养老——福利呀！制度型养老金

第一章
国家养老：
统筹普惠的
基本养老

圣托里尼的日落

日落时分，来自世界各地的游客，会聚集在圣托里尼岛的西北角，观赏爱琴海的"最美日落"。这座蓝白相间的小岛会渐渐被夕阳染成金色。冷暖色调的变换，云与海的翻腾，宛若交响乐的高潮。

我们缴纳的基本养老保险会被领光吗

基本养老保险是社会保障的重要组成部分，所以我们从基本养老保险中领取的养老金也常被称为"社保养老金"。

有没有听过这样一个说法：我国的基本养老保险是现收现付制，现在自己每月缴纳的基本养老保险的保费，都被已经退休的人领取了。而我国正在进入老龄化社会，等自己老了，如果没有足够多的年轻人缴纳基本养老保险，自己到时就领不到多少社保养老金了。加上自己能活多大年龄还不知道，如果赶上延迟退休，万一领不了几年就去世了，那就亏大了。这个说法对吗？

这个说法其实是不对的，也是缺乏基本常识的。如果因为听信了这样一些不靠谱的说法，就草率断缴了养老金，给自己造成的损失恐怕是难以弥补的。要想不被各种流言所"忽悠"，最好的办法就是自己搞清楚政策究竟是如何制定的，然后做出正确的判断。但是政策那么多，我们的本职工作已经很累了，哪里还有精力去收集和学习呢？本书已经完成了关键信息的汇集工作，而且为了方便我们更直接地了解政策，对所涉及相关政策的关键部分还附上了原文。

想搞清楚我们缴纳的基本养老保险可以给我们带来什么好处，只需要了解以下几个问题就行了。

第一个问题：五险一金是什么

> 国家建立基本养老保险、基本医疗保险、工伤保险、失业保险、生育保险等社会保险制度，保障公民在年老、疾病、工伤、失业、生育等情况下依法从国家和社会获得物质帮助的权利。
>
> ——《中华人民共和国社会保险法》第一章第二条

五险一金中的五险是指基本养老保险、基本医疗保险、工伤保险、失业保险和生育保险，这五险是纳入《社会保险法》的。一金是指住房公积金。我们在看每月的工资单时，可能会因为自己缴了很多五险一金费用而感到"肉疼"，但单位其实在这五险里的每一项上都与个人负担的相同甚至更多。

这几个险种的功能其实就是字面上反映的意思。基本养老保险是保障我们退休养老的，会以养老金的形式发放。基本医疗保险能够保障我们患病就诊发生医疗费用后，得到报销等经济补偿。工伤保险能够保障我们在工作中不幸遭受意外伤害或者患上职业病时，获得补偿或者物质帮助。失业保险能够保障我们因为失业而暂时中断生活来源时，获得物质帮助以保障基本生活。生育保险是保障女性因为怀孕或分娩而中断工作，能够享受医疗服务、生育津贴和产假。

各省（自治区、直辖市）的五险缴费比例是不一样的，会根据各地实际情况进行动态调整。以基本养老保险为例，有的省份基本养老保险的单位缴纳比例为20%，有的省份为16%，个人缴纳比例基本都为8%，同时也设有缴费上下限。如果想了解自己所在地区的五险缴费比例和上下限，可以登录各省（自治区、直辖市）人力资源和社会保障局网站进行查阅。表1-1是北京市人力资源和社会保障局公布的2022年7月—2023年6月的社保缴费比例。

表1-1　北京市2022年7月—2023年6月五险的单位与个人的缴纳比例

五险项目	单位缴纳比例或额度（%）	个人缴纳比例或额度（%）
基本养老保险	16	8
基本医疗保险	9.8	2%+3元
工伤保险	0.2~1.9	不缴纳
失业保险	0.5	0.5
生育保险	合并至医疗保险	不缴纳

资料来源：北京市人力资源和社会保障局网站。

此外，2019年国务院办公厅印发了《关于全面推进生育保险和职工基本医疗保险合并实施的意见》，推进生育保险和职工基本医疗保险合并，因此未来很多地区的生育保险将不会再单列。如果今后出现了"四险一金"的说法，千万别以为是社保"缩水"了，而是将生育保险合并到基本医疗保险中了。

第二个问题：基本养老保险的来源是什么

> 基本养老保险基金由用人单位和个人缴费以及政府补贴等组成。
>
> ——《中华人民共和国社会保险法》第二章第十一条

第一章　国家养老：统筹普惠的基本养老

来自单位和个人的缴费肯定是基本养老保险的主要来源。从《社会保险法》中可以看到，基本养老保险基金的来源除了单位和个人缴纳的部分，还有政府补贴。需要注意的是，还有一个"等"字，这个"等"，就包括了社保基金的投资收益等其他来源。

第三个问题：我们缴纳的基本养老保险会被领光吗

> 基本养老金由统筹养老金和个人账户养老金组成。
> ——《中华人民共和国社会保险法》第二章第十五条

我们缴纳的基本养老保险分为统筹养老金和个人账户养老金两个部分。其中单位缴纳的部分，会进入基本养老保险统筹基金，我们可以将其理解为一个"大池子"，这个"大池子"是共济制的；而我们个人缴纳的部分，会进入我们的个人账户，这个账户是只属于我们自己的。

基本养老保险统筹基金的"大池子"是现收现付的，也就是共有的。这个"大池子"一边有个"进水口"，另一边有个"出水口"。"进水口"的"水"来自各单位给在职人员缴纳的基本养老保险，而"出水口"的"水"则会流向现阶段已经退休的人，用于按时向他们发放养老金。但是，个人账户中的资金，是一个独立的"私汤池"，这个"私汤池"的"水"是一对一流动的，不会被别人领取，只能由我们自己领取。

读到这里，是不是可以放心了？但也有人会问第四个问题：随着社会老龄化的发展，领取的人越来越多，缴纳的人越来越少，也就是"出水口"比"进水口"的流量大，是不是总有一天这个池子会干涸？全社会的养老保险基金会不会入不敷出？这时候会不会挪用我们个人账户里的资金呢？

第四个问题：基本养老保险基金入不敷出了怎么办

基本养老保险基金这个"大池子"会入不敷出吗？按照小学数学经典的"蓄水池"问题，理论上"大池子"存在干涸的可能性，但第一支柱的基本养老是涉及民生保障的大工程，这种理论上的可能性基本上是不存在的。为了防患于未然，其实已经有三个具体的措施来预防"大池子"的干涸了。第一个措施是"大池子"里的资金会被用来进行投资，投资收益会使"大池子"里的水位增加。第二个措施是当进出严重失衡时，可以通过调节"进水口"和"出水口"的水阀以控制流量。第三个措施就是额外拉一个"进水口"，直接向"大池子"里注水，这个额外的"进水口"就是政府补贴。

> 基本养老保险基金出现支付不足时，政府给予补贴。
>
> ——《中华人民共和国社会保险法》第二章第十三条

所以，当基本养老保险基金出现支付不足时，并不会挪用我们个人账户的资金，而是会由政府给予补贴。政府补贴主要来源于财政资金。

总结一下，我们从工资总额中拿出8%来缴纳基本养老保险，能够获得不少的福利。

第一，五险一金是在税前列支的，也就相当于我们在缴纳基本养老保险阶段获得了个人所得税的减免。

第二，这部分额度会计入我们基本养老保险的个人账户中，属于我们自己的"私汤池"，不会被别人领取。

第三，我们的工作单位也会为我们缴纳基本养老保险，而且比例与个人缴纳部分相同甚至更高，这部分会进入基本养老保险统筹基金的"大池子"。在现收现付制度下，虽然这部分会被已经退休的人员领取，但当我们退休时，也会从基本养老保险统筹基金中领取基础养老金部分。

第四，当基本养老保险基金的"大池子"出现支付不足时，政府会给予补贴，并不会影响或占用我们个人账户中的养老金。

基本养老保险制度是我国养老金的第一支柱，是退休后各类养老金中最基础的一部分，是我们退休后的基本保障。缴纳了基本养老保险也是个人享受很多其他社会福利的前提条件。比如参加第三支柱个人养老金账户的前提就是必须参加基本养老保险。因此，缴纳基本养老保险是我们积累个人养老金最基础、最根本的一环，在有能力缴纳的前提下，一定要按时缴纳。同时，工作单位是否依法为员工缴纳基本养老保险，也应该作为我们求职时的重要考量因素。

读到这里，参加基本养老保险的重要性应该显而易见了吧。

我退休了能领多少社保养老金

缴纳了基本养老保险，等退休之后，每月能领多少社保养老金呢？我们直接看下面的公式：

社保养老金领取额度 = 基础养老金 + 个人账户养老金

前文提到了，基本养老保险由统筹养老金和个人账户养老金组成，在我们领取社保养老金时，也是分别从这两个维度提取的。基础养老金就来自基本养老保险统筹基金的"大池子"，是由单位缴纳的部分构成的；个人账户养老金则全部是由自己缴纳的部分构成的，是我们的"私汤池"。其中，基础养老金部分的计算公式如下：

$$基础养老金 = \frac{地区上年度平均工资 \times (1 + 本人平均缴费指数)}{2} \times 缴费年限 \times 1\%$$

地区上年度平均工资，是指我们所在的省（自治区、直辖市）上一年度在岗职工的平均工资额。我们领取养老金的地区平均工资越高，我们的养老金就会越多。

本人平均缴费指数，是参保人每个参保年度的个人工资额度除以地区当年平均工资得到的比值，这个比值每年都会有一个，缴了多少年社保，就会有多少个比值，把全部比值相加并除以缴费期数，就能算出一个平均值，这个值就是本人平均缴费指数。可以理解为自己的工资是地区平均工资的多少倍。自己的工资越高，这个指数就越大，领取的养老金就会越多。如果觉得计算起来很复杂，则可以到社保局直接查询或打印本人历年的缴费指数，有详细的记录可供查询打印。

缴费年限就是我们缴纳社保的总期数。缴费年限越长，养老金就会越多。

再来看个人账户养老金部分，计算公式如下：

$$个人账户养老金 = 个人账户储存额 \div 计发月数$$

个人账户储存额就是我们自己缴纳的基本养老保险的总额。计发月数是用当时人口平均寿命减去退休年龄计算出的年限再乘以12个月得到的，其意义是保障我们活到人口平均寿命前每月都能领到个人账户的养老金。

我们来举个例子。钱女士25岁参加工作，55岁退休。每月的基本工资从开始工作时的8 750元涨到退休时的36 000元，每年的平均涨幅为5%，平均月薪是20 000元。为简单起见，我们使用平均月薪计算。每月按8%的比例缴纳基本养老保险1 600元，每年的缴费额度是19 200元，一共缴了30年，所以钱女士的个人账户储存额一共是：

$$19\,200（元/年）\times 30（年）= 57.6（万元）$$

钱女士在她55岁退休时，开始领取社保养老金，计发月数是170个月，那么个人账户养老金每月领取额度就是：

$$57.6（万元）\div 170（月）= 3\,388（元/月）$$

如果钱女士所在的城市平均工资是7 600元，本人平均缴费

指数就是：①

$$20\,000\,（元）÷7\,600\,（元）=2.63$$

基础养老金部分每月的领取额度就是：

$$7\,600\,（元）×（1+2.63）÷2×30\,（年）×1\%=4\,138\,（元）$$

那么钱女士每月合计能领取的社保养老金就是基础养老金部分的 4 138 元加上个人账户部分的 3 388 元，合计为 7 526 元。

钱女士的个人账户是按照 170 个月进行领取的，约为 14 年，从 55 岁开始领取，可领取至 69 岁。如果钱女士比较长寿，活过了 69 岁，个人账户储存额都领完了怎么办？在个人账户全部被领取完毕的情况下，可以继续领取基础养老金部分。也就是说，如果钱女士在超过了社会法定年龄之后，每月可以继续领取养老金 4 138 元。可以简单理解为，基础养老金就是活多久，领多久。这里的 4 138 元，只是用目前的平均工资测算的结果，如果未来平均工资水平提高，那么基础养老金也会相应提高。

如果钱女士不幸没有活到 69 岁，个人账户储存额还没领完怎么办？按照《社会保险法》的规定，个人死亡的，个人账户余额是可以继承的。

---

① 为简单起见，这里直接使用平均值计算，精确值可参照个人社保账户的平均缴费指数。

> 个人死亡的，个人账户余额可以继承。
>
> ——《中华人民共和国社会保险法》第二章第十四条

所以，我们自己缴纳的个人账户养老金部分，都是自己的，不会"充公"。由单位缴纳的基础养老金部分，会进入统筹账户，个人可以一直领到身故为止。

总结一下，我们能领多少社保养老金，与以下几个因素相关。

- 地区上年度平均工资水平（越高，领得越多）。
- 自己退休前的平均工资水平（越高，领得越多）。
- 自己缴纳社保的年限（越长，领得越多）。
- 自己缴纳基本养老保险的总额（越多，领得越多）。
- 自己的寿命（越长，领得越多）。

为什么一定要缴社保

在了解了社保养老金领取额度的计算方式之后，不难发现，社保养老金其实是一项基于共济制度的社会福利。

在缴纳基本养老保险时，会按照我们上一年度平均工资额度的8%缴纳个人部分，这部分由单位在扣除个人所得税之前代缴，会全额进入个人账户。本单位职工工资总额的16%~20%是单位缴纳部分（各地比例不同），会由单位直接缴纳，进入基本养老保险统筹基金的"大池子"。

在领取社保养老金时，每月的领取额度由基础养老金和个人账户养老金两部分组成。其中基础养老金从我们所在地区的统筹基金的"大池子"中支付，我们活多久就能领多久。而且，基础养老金会随着我们领取时的在岗职工平均工资水平上涨，其实在一定程度上抵御了通货膨胀带来的影响。个人账户养老金是我们个人累计缴纳的基本养老保险总额，仅供我们个人领取，而且可以继承。

税前缴纳，单位缴纳占比大，个人部分纯自用，统筹部分可领取至身故，这样的社会福利，我们有什么理由不参加呢？

如果这些都不足以打动你，那么再看看生活中与缴纳社保相关联的一些资格，也许会坚定你缴纳社保的决心。

- 部分城市的购房资格。
- 部分城市的积分落户条件。
- 部分城市的子女入学条件。
- 部分城市的退休条件。
- 医疗保障的使用条件。
- 部分城市的小客车摇号条件。

基本养老保险与基本医疗保险、工伤保险、失业保险和生育保险共同构成了基本社保体系，如果不缴纳社保，在城市里生活会遇到很多问题。而按时缴纳社保，就能够享受基本养老、基本医疗等社会保障。所以在正常情况下，一定要珍惜自己参加社保的权利，按时缴纳社保。

其实，社保是我们每个人与整个社会联系的一条纽带，也是社会给我们每个人提供的基本保障。如果本着"占便宜"和"不能吃亏"的心态，就会失去与整个社会的关联。最终可能自己确实在当下没吃亏，但未来在自己需要保障或者福利时，也失去了权利。如果以发展的眼光看，每个人的生活质量与国家和社会的发展是强相关的。比如，有的国家经济发展不佳，甚至爆发战争，那么没有人能够独善其身，这时候考虑自己缴的社保是不是有可能被别人多领也就毫无意义了。而如果国家强盛，自己却没有及时缴纳社保，无法分享国家发展带来的红利，并且是无法弥补的，那就太可惜了。社保本身也是保险的一种，缴纳保险的本质是用少量的资金来规避和转移或有的风险，如果太过计较当下的成本，就可能失去自己在需要保障时享受的福利。更何况，社保所保障的并不是小概率的事件，毕竟谁不会老、谁不会生病呢？

没有单位缴社保，要不要自己缴

我们了解到社保是一项宝贵的福利，同时又与很多在城市生活的相关资格挂钩，因此一定要缴纳社保。但是，许多原因可能导致没有单位为我们缴纳社保，比如个体工商户，或者从事非全日制工作、派遣制工作、临时性工作，又或者遇到阶段性失业，这个时候该如何缴纳社保呢？要不要自己缴纳呢？

我的建议是：只要力所能及，就一定要缴纳社保，尤其是基本养老保险。在没有单位可供缴纳基本养老保险的情况下，自己也可以到户籍地的社保局按照灵活就业人员缴纳基本养老保险。

> 无雇工的个体工商户、未在用人单位参加基本养老保险的非全日制从业人员以及其他灵活就业人员可以参加基本养老保险，由个人缴纳基本养老保险费。
>
> ——《中华人民共和国社会保险法》第二章第十条

我们已经了解，基本养老保险由基本养老保险统筹基金和个人账户组成，用人单位缴纳的部分计入基本养老保险统筹基金，个人缴纳的部分计入个人账户。那么如果以灵活就业人员的身份自行缴纳，该怎样计入这两个部分呢？领取时又有什么区别吗？

> 无雇工的个体工商户、未在用人单位参加基本养老保险的非全日制从业人员以及其他灵活就业人员参加基本养老保险的，应当按照国家规定缴纳基本养老保险费，分别记入基本养老保险统筹基金和个人账户。
>
> ——《中华人民共和国社会保险法》第二章第十二条

参保人员可在缴纳地区规定的个人缴费基数上下限范围内选择适当的缴费基数，可选择按月、按季、按半年、按年等方式缴费，缴费全部由个人承担。灵活就业人员缴纳的基本养老保险，会分别计入基本养老保险统筹基金和个人账户。在领取时，计算方式是没有区别的。以灵活就业人员身份参保，缴费比例虽然比企业职工总的缴费比例低一些，但在领取时享受的待遇与企业职工是一样的。

就业困难人员以及离校 2 年内未就业的高校毕业生实现灵活就业的，还可申领社保补贴。补贴原则上不超过实际缴费的 2/3。就业困难人员社保补贴期限最长不超过 3 年，高校毕业生社保补贴期限最长不超过 2 年，对距法定退休年龄不足 5 年的人可延长至退休。

对于从未就业的城镇居民以及农村居民，如果不涉及在非户籍地的购房资格、积分落户、子女教育等问题，也可以在户籍地参加新型农村社会养老保险（简称"新农保"）和城镇居民社会养老保险（简称"城居保"）。具体内容会在本章后面介绍。

社保应该缴多少年

社保应该缴多少年？在前边的章节我们了解到，社保养老金能领取多少，与基本养老保险的缴费年限是相关的，缴费年限越长，每月领取的社保养老金额度就越多。所以，在力所能及的情况下，最理想的状态是从参加工作时就开始缴纳社保，一直缴到退休。

但是，这个过程长达几十年之久，如果中间出现了各种特殊情况，如失业等，本身现金流不足，这时缴纳社保就会非常困难，那么最少需要缴纳多少年社保呢？

> 参加基本养老保险的个人，达到法定退休年龄时累计缴费满十五年的，按月领取基本养老金。
>
> ——《中华人民共和国社会保险法》第二章第十六条

按照《社会保险法》的规定，基本养老保险需要缴费满15年，在达到法定退休年龄时才能按月领取社保养老金。所以，社保最少需要缴15年。如果达到法定退休年龄时累计缴费不足15年的，可以缴费至满15年，然后按月领取社保养老金；也可以转入新农保或者城居保，按照国务院规定享受相应的养老保险待遇。

虽然基本养老保险缴费满15年即可领取社保养老金，但还有一个因素不得不考虑，那就是社保中的另一项福利保障：基本医疗保险。各省（自治区、直辖市）会有关于退休后继续享受基本医疗保险的缴费年限规定，例如北京市规定：男性累计缴满25年，女性累计缴满20年，可在退休后继续享受基本医疗保险。我国将缴费年限设置为浮动区间，各省可根据本地区的经济状况设置不同的缴纳年限，也有城市的缴费年限为男性30年，女性25年。老年是各类病症频发的阶段，如果没有基本医疗保险，那么社保养老金可能还不够看病的开支。所以，社保缴费的最低年限，应当超过当地规定的退休后可继续享受基本医疗保险的年限。

基本养老保险有几种

我们之前一直提到的社保，是指《社会保险法》规定的涵盖基本养老保险、基本医疗保险、工伤保险、失业保险、生育保险在内的社会保险制度，也叫五险。这五险里的基本养老保险，其实又分为4种不同的类型，包括企业职工基本养老保险、机关事业单位养老保险、新型农村社会养老保险（新农保）和城镇居民社会养老保险（城居保）。

在城镇工作的人员，如果是在企业工作的职员，那么企业会给我们上企业职工基本养老保险。如果是在机关事业单位工作并在其编制内的人员，那么单位会给我们上机关事业单位养老保险。企业职工基本养老保险和机关事业单位养老保险都是强制缴纳的，保费由单位和个人共同按比例承担。如果是个体工商户或灵活就业人员，也可以自行选择参加企业职工基本养老保险，但企业缴费的部分需要由个人承担，如果觉得负担过重，也有其他的选择。

除了企、事业单位的职工，我国还有大量非就业居民和农村居民，无法享受由工作单位提供的五险福利。对于这些居民，国家也出台了相应的基本养老保障措施，即新农保和城居保。

新农保是国家为了保障农村居民老年基本生活而设立的养老保险。年满 16 周岁（不含在校学生）、未参加城镇职工基本养老保险的农村居民，可以在户籍地自愿参加新农保。新农保基金由个人缴费、集体补助、政府补贴构成。其中个人缴费设有每年 100 元、200 元、300 元、400 元、500 元 5 个档次，地方可以根据实际情况增设缴费档次，参保人自主选择档次缴费，多缴多得。新农保享受村集体的集体补助，补助标准由村民委员会召开村民会议民主确定。新农保还享受政府补贴，政府对符合领取条件的参保人全额支付新农保基础养老金。

新农保养老金也是由基础养老金和个人账户养老金组成，支付终身。中央确定的基础养老金标准为每人每月 55 元，地方可以根据实际情况提高基础养老金标准。个人账户养老金的月计发标准为个人账户全部储存额除以 139。参保人身故，个人账户中的资金余额，除政府补贴外，可以依法继承。年满 60 周岁，未享受城镇职工基本养老保险待遇的农村户籍老年人，累计缴费满 15 年，就可以按月领取新农保养老金。

城居保是国家为了保障城镇居民老年基本生活而设立的养老保险。年满16周岁（不含在校学生）、不符合职工基本养老保险参保条件的城镇非从业居民，可以在户籍地自愿参加城居保。城居保基金主要由个人缴费和政府补贴构成。其中个人缴费设有每年100元、200元、300元、400元、500元、600元、700元、800元、900元、1 000元10个档次，地方可以根据实际情况增设缴费档次，参保人自主选择档次缴费，多缴多得。城居保享受政府补贴，政府对符合领取条件的参保人全额支付城居保基础养老金。

城居保养老金也是由基础养老金和个人账户养老金组成，支付终身。与新农保相同，中央确定的基础养老金标准为每人每月55元，地方可以根据实际情况提高基础养老金标准。个人账户养老金的月计发标准为个人账户全部储存额除以139。参保人身故，个人账户中的资金余额，除政府补贴外，可以依法继承。年满60周岁，参加城镇居民养老保险的城镇居民，累计缴费满15年，就可以按月领取城居保养老金。

企业职工基本养老保险、机关事业单位养老保险、新农保和城居保共同构成了我国社会养老保险体系。为了方便比较，可参见表1-2。

如果有正式工作，并且能够由工作单位缴纳企业职工基本养老保险或机关事业单位养老保险，显然是最理想的。但是，在没有单位能够缴纳基本养老保险的情况下，是选择作为灵活就业人员自己缴纳企业职工基本养老保险呢，还是选择新农保或城居保呢？具体选择还要根据个人情况决定，但有一个答案是肯定的，就是多缴多得。由于企业职工基本养老保险的基础养老金部分会

表 1-2 不同社会养老保险的对比

类型		企业职工基本养老保险	机关事业单位养老保险	新型农村社会养老保险	城镇居民社会养老保险
保障目标人群		城镇各类企业及职工、个体工商户、灵活就业人员等	按照（参照）公务员法管理的机关（单位）、事业单位及其编制内的工作人员	未参加城镇职工基本养老保险的农村居民	不符合职工基本养老保险参保条件的城镇非从业居民
强制性		必须参保	必须参保	自愿参保	自愿参保
缴费	基础养老金	16%~20%（各省确定）	20%	政府支付	政府支付
	个人账户养老金	8%	8%	100~500元 5档自选	100~1 000元 10档自选
领取	基础养老金	前述公式计算	前述公式计算	每人每月55元	每人每月55元
	个人账户养老金	个人账户总额÷计发月数	个人账户总额÷计发月数	个人账户总额÷139	个人账户总额÷139
	年龄	法定退休年龄	法定退休年龄	60岁	60岁
	缴费时间	满15年	满15年	满15年	满15年

挂钩本地区上一年度在岗职工平均工资额，而新农保和城居保的基础养老金部分是每月定额的，这个定额肯定是远远低于在岗职工平均工资额的。当然，在缴费阶段，城镇职工养老保险的缴费额度也比新农保和城居保要高，而且新农保和城居保还会享受各种补贴。也就是说，如果自行缴纳养老保险，企业职工基本养老保险缴费阶段的压力会比较大，相应在领取阶段领得也多；而新农保和城居保在缴费阶段的压力比较小，相应在领取阶段领得也

会少一些。所以，在缴费阶段，如果我们手头资金较宽裕，就可以选择缴纳企业职工基本养老保险，如果手头资金较紧张，则可以选择缴纳新农保或城居保。其实还有一种对灵活就业人员而言两全其美的办法，就是选择参加缴费压力较小的新农保或城居保来获得一份基本养老金保障，再用结余的资金为自己购买商业养老保险，以作为养老金的补充之用。

在哪个城市退休最划算

在本章前面已经说明，在领取社保养老金时，分为基础养老金和个人账户养老金两个部分。其中，基础养老金与本地区上一年度在岗职工平均工资额挂钩，而每个省（自治区、直辖市）的在岗职工平均工资是不一样的，而且差距还不小。以2021年为例，全国在岗职工平均工资最高的北京（19.47万元）是最低的河南（7.49万元）的两倍有余（见表1-3）。那么，养老金可以跨省领取吗？如果我的户籍在河南，但是在北京工作，是不是应该争取在北京领取养老金呢？

表1-3　2021年城镇非私营单位就业人员平均工资

地区	平均工资（元）	地区	平均工资（元）
北京	194 651	湖北	96 994
天津	123 528	湖南	85 438
河北	82 526	广东	118 133
山西	82 413	广西	88 170
内蒙古	90 426	海南	97 471
辽宁	86 062	重庆	101 670

(续表)

地区	平均工资（元）	地区	平均工资（元）
吉林	83 028	四川	96 741
黑龙江	80 369	贵州	94 487
上海	191 844	云南	98 730
江苏	115 133	西藏	140 355
浙江	122 309	陕西	90 996
安徽	93 861	甘肃	84 500
福建	98 071	青海	109 346
江西	83 766	宁夏	105 266
山东	94 768	新疆	94 281
河南	74 872	全国	106 837

资料来源：国家统计局. 中国统计年鉴2022［M］. 北京：中国统计出版社，2022.

平均工资越高的地区，能领取的养老金也越多，但在哪里领取养老金，并不是我们能够任意选择的，我们只能在我们的户籍地或者缴纳过社保的地区领取养老金。但如果我们的户籍地不是缴纳社保的地区怎么办？养老金可以跨地区领取吗？

养老金可以跨地区领取吗

> 个人跨统筹地区就业的，其基本养老保险关系随本人转移，缴费年限累计计算。个人达到法定退休年龄时，基本养老金分段计算、统一支付。
>
> ——《中华人民共和国社会保险法》第二章第十九条

根据《社会保险法》的相关规定，基本养老保险是可以随个人就业跨地区转移的，缴费年限可以累计计算。但是领取的时候，基本养老金会做分段计算。那么，如果在多个地区缴纳过社保，该怎么确定社保养老金的领取地呢？

多地参保应该在哪里领取养老金

在多个地区缴纳过社保，会按照"户籍地优先，从长、从后计算"的原则来确定社保养老金的领取地。具体分为以下几种情况。

第一种情况：户籍地与社保缴费地相同。

这种情况最简单，社保养老金会由户籍地负责办理待遇领取手续，享受基本养老保险待遇。比如，钱女士的户籍地在河南，社保缴费地也在河南，那么就在河南领取社保养老金。

第二种情况：户籍地与社保缴费地不同，且在社保缴费地累计缴费满10年，并在社保缴费地退休的。

在这种情况下，可在社保缴费地办理待遇领取手续，享受当地基本养老保险待遇。比如，钱女士的户籍地在河南，在北京工作并缴纳了10年以上的社保，最后在北京退休，那么就可以在北京领取社保养老金。

第三种情况：户籍地与社保缴费地不同，在多地缴纳过社保，退休时，在退休所在地累计缴费不满10年。

在这种情况下，会将基本养老保险关系转回上一个缴满10年的参保地办理待遇领取手续，享受基本养老保险待遇。比如，钱女士的户籍地在河南，曾在山东工作并缴纳了10年以上的社保，后调到北京工作并缴纳了6年的社保，最后在北京达到退休年龄。因为钱女士在北京没有缴满10年社保，所以基本养老保险关系会转到缴满 10 年社保的山东，钱女士会在山东领取社保养老金。

第四种情况：户籍地与社保缴费地不同，在多地缴纳过社保，但在每个参保地的累计缴费均不满 10 年。

在这种情况下，会将基本养老保险关系转回户籍地，由户籍地负责办理待遇领取手续，享受基本养老保险待遇。比如，钱女士的户籍地在河南，曾在山东、上海、江苏、北京工作并缴纳社保，但都没有缴满 10 年，最后在北京达到退休年龄。因为钱女士在北京没有缴满 10 年社保，并且在山东、上海、江苏等地也没有缴满 10 年社保，所以基本养老保险关系会转回户籍地河南，钱女士会在河南领取社保养老金。

移民可以领取养老金吗

移民领取社保养老金分为以下两种情况。

第一种情况：变更国籍时已达到法定退休年龄，且参加基本养老保险并缴费达到 15 年。

在这种情况下，只要在变更国籍前办妥退休手续，取得养老金账户，即可正常享受基本养老保险待遇，领取社保养老金。

第二种情况：变更国籍发生在达到法定退休年龄之前。

在这种情况下，移民后无法继续参加养老保险，只能提前领取个人账户部分的社保养老金，基本养老保险统筹基金的基础养老金部分将无法领取。

社保资金是如何投资的

你会不会好奇，中国这么大的人口基数，人们缴纳的社保费用会形成一笔非常庞大的资金，这笔资金由谁来负责管理？有没有做投资？投资收益情况如何呢？这就涉及一个强大的机构——全国社会保障基金理事会。

> 国家设立全国社会保障基金，由中央财政预算拨款以及国务院批准的其他方式筹集的资金构成，用于社会保障支出的补充、调剂。全国社会保障基金由全国社会保障基金管理运营机构负责管理运营，在保证安全的前提下实现保值增值。
>
> ——《中华人民共和国社会保险法》第八章第七十一条

《社会保险法》中提到的全国社会保障基金管理运营机构，就是全国社会保障基金理事会。除了负责管理运营全国社会保障基金，全国社会保障基金理事会还受国务院委托集中持有管理划转的中央企业国有股权，管理基本养老保险基金的投资运营。

我们从《全国社会保障基金理事会基本养老保险基金受托运营年度报告（2021年度）》中可以了解到，社保基金理事会受托进行投资运营的基本养老保险基金权益总额超过1.46万亿元，自2016年12月受托运营以来每年都平稳实现正收益，连续多年战胜投资基准，累计投资收益额为2 619.77亿元，年均投资收益率约为6.49%。

这么庞大的资金，投资到哪里了呢？根据《基本养老保险基金投资管理办法》，基本养老保险基金限于境内投资，投资范围包括以下几类。

- 存款类资产：包括银行存款，中央银行票据，同业存单。
- 固定收益类资产：包括国债，政策性、开发性银行债券，信用等级在投资级以上的金融债、企业（公司）债、地方政府债券、可转换债券（含分离交易可转换债券）、短期融资券、中期票据、资产支持证券，债券回购。
- 权益类资产和资产管理产品：包括养老金产品，上市流通的证券投资基金，股票，股权，股指期货，国债期货。

简单来说，就是投资了银行存款、债券和股票这三大类资产。

要实现每年都是正收益，而且连续多年战胜投资基准，年均投资收益达到6.49%，可是非常不容易的。很多人担心随着人口老龄化，养老统筹基金会不会入不敷出？而社保基金理事会的存在，就为应对人口老龄化的社会财富做好了投资储备，使资金像滚雪球一样获取收益，为更好实现基本养老保险基金的长期平衡贡献力量。

第二章
单位养老：
企业年金和
职业年金

康河的桥

"轻轻的我走了，正如我轻轻的来；我轻轻的招手，作别西天的云彩。"徐志摩愿化为康河柔波里的一尾水草，沉醉于浮藻间彩虹似的梦里。 古老而浪漫的剑桥大学，将800多年来的故事都藏在了静静流淌的康河中。

养老金的第二支柱

我们已经从前面的章节了解到,我国的养老金体系包括三个支柱,分别是国家养老、单位养老和个人养老。其中,第二支柱单位养老的主要工具就是企业年金和职业年金。基本养老保险涉及每一个人,但年金并不是所有的单位都有。我们本章就来搞清楚关于年金的几个问题。

企业必须建立企业年金吗

企业年金,是企业及员工在依法参加基本养老保险的基础上,自主建立的补充养老保险制度。国家鼓励企业建立企业年金,但建立企业年金并非企业的义务。企业建立企业年金,首先要具有

> 建立企业年金,企业应当与职工一方通过集体协商确定,并制定企业年金方案。企业年金方案应当提交职工代表大会或者全体职工讨论通过。
>
> ——《企业年金办法》第二章第七条

相应的经济负担能力，其次在企业层面要有意愿建立企业年金，并与职工协商一致后，才能够建立。

哪些企业建立了企业年金

根据工信部和人社部的数据，截至2022年年末全国大约有5 000万家企业，其中大约有12万家企业建立了企业年金，可见只有极少数的企业为员工建立了企业年金。这是因为在全国所有的企业中，99%都是中小企业。中小企业面临着非常大的生存压力，也需要不断积聚财务力量以谋求发展，因此很难在已经承担基本养老保险的基础上，再拿出一部分资金负担员工的企业年金。事实上，在已经建立企业年金的企业中，也是以大型企业为主，尤其是以央企、国企为主。

个人必须交企业年金吗

无论是企业还是员工，企业年金都是自愿建立和交纳的。如果我们供职的企业没有建立企业年金，作为员工自然就没有办法交纳企业年金。如果我们供职的企业建立了企业年金，而个人没有意愿交纳，也可以选择不交纳。通常企业建立了企业年金，会默认全体员工都参加企业年金，并且直接在员工工资中扣除并交纳。

如果员工自己选择不交纳，可向企业人力资源部门提交申请，退出企业年金计划。这样员工每月就会拿到自己应交纳企业年金的部分作为当月的薪资，在扣除个人所得税之后发放，但同时也会放弃单位为自己交纳的部分。

机关事业单位的职业年金

在企业工作的员工有企业年金作为养老金的第二支柱，那么在机关事业单位工作的公职人员是不是也可以享受第二支柱的养老金呢？其实公职人员也是有企业年金的，只不过公职人员并非为企业工作，而是为政府工作，所以交纳年金的并不是企业和个人，而是政府和个人。公职人员所享受的第二支柱养老金叫作职业年金。职业年金是机关事业单位及其工作人员在参加机关事业单位基本养老保险的基础上，建立的补充养老保险制度。除了资金来源不同，职业年金与企业年金在交费模式、运作模式和领取模式上是基本一致的。

你的单位对你是真的好吗

你的另一半对你好不好，可以看他/她婚后能否像恋爱时那样对你始终如一。你的单位对你好不好，也可以看看单位在你退休后能否为你提供一份丰厚的养老金。在我们工作时，工作单位支付我们工资是天经地义的。但相应地，在我们退休后，单位就没有义务继续支付工资了。不过，如果单位建立了企业年金，就可以在员工退休后，继续让员工享有一份"薪水"。

在一段爱情关系里，另一半只在恋爱时对你好，而对你们的未来没有过多考虑，或者在结婚后就变了个样子，那么他/她只是为了在当下能得到你，他/她更关注的是这段关系能否满足自身的需求。而如果你的另一半在恋爱时会常常考虑你们婚后的安排，表明他/她更关注的是这段关系能否长久，以及你能否被爱护，这才是真爱。

一家企业也是一样，如果愿意给予员工很高水平的当期薪水和奖金，那么一方面是为了激励员工努力工作，为企业创造价值；另一方面也是为了吸引行业精英来为企业工作。而企业如果舍得给员工建立企业年金，则是牺牲了当下的激励，选择在员工不能再为企业效力时，给员工提供一份养老钱。这份心意，就足以代表企业对员工的态度了。

要知道，建立企业年金并不是企业的义务，而是出于自愿，并不是所有企业都会为员工建立企业年金。企业在缴纳五险一金时，已经负担了相当大的成本，如果再建立企业年金，就需要负担更多的成本。目前全国只有大约3 000万人享受了企业年金的福利，从人数上看占比是非常小的。所以，如果你的单位建立了企业年金，那就好比找到了一个神仙般的另一半，这是非常难得的，这样的企业难道不值得托付吗？

年金值得交吗

企业年金也好，职业年金也罢，员工每个月都需要交纳一定的额度，相当于占用了当期工资现金，而且一直到退休后才能领取，真的值得交吗？

非常值得！原因有以下几点。

第一，单位和自己交的年金，全是自己的。企业年金和职业年金都是由单位和个人共同交纳的，这一点与第一支柱的基本养老保险是相同的。但与基本养老保险不同的是，基本养老保险的单位缴纳部分是进入统筹养老金池的，属于现收现付制，只有个人缴纳的部分是进入自己的个人账户的,这部分才是完全属于自己的。而企业年金和职业年金的单位交纳部分,是全额直接进入个人年金账户的。也就是说,无论是单位交的年金,还是个人交的年金,全部都进入个人账户,都是自己的,不与其他人"分享"。值得注意的是,虽然企业交纳的部分最终都会进入个人账户,但有的企业会设置一些条件,比如需要员工在企业就职满足一定年限,企业交纳的部分才完全归属于个人。但《企业年金办法》规定,完全归属于职工个人的条件性期限最长不超过 8 年。

第二,年金是税前交纳的。根据《个人所得税法实施条例》,个人交付符合国家规定的企业年金、职业年金,可计入个人所得税的"其他扣除"项,在税前予以扣除。也就是说,年金在交费阶段是免税的。而到了领取阶段,由于退休后的个人所得税基数会大幅下降,领取时需要缴纳的所得税也就少了。

第三,年金的投资收益不菲。年金会由专业的受托机构进行统筹管理,委托投资管理人对年金资产进行投资。在绝大多数的年份里,年金的年化收益率都能在 5% 以上,个别年份甚至超过了 10%。年金的投资收益率超过了绝大多数个人,这些收益会不断在个人年金账户内累计。

第四,年金是一种强制性养老投资。年金是一种制度型养老金,需要满足退休等条件才能领取。很多时候,不到临退休的几年,我们自己很难进行充分的养老财务规划。即便有养老财务规划,战略开支和过度消费也可能使我们难以达成养老规划。而退休后,会发现基本养老保险的社保养老金仅能满足我们的基本养老需求,而当我们还有旅游、购物等其他高消费需求时,年金就能形成很好的补充。

年金能交多少

年金需要交多少？又能够交多少？按照相关政策规定，企业年金的交费比例有三个限制：第一个是企业交费部分，每年不超过本企业职工工资总额的8%；第二个是企业和职工个人交费，合计不超过本企业职工工资总额的12%；第三个是企业当期交费计入职工企业年金个人账户的最高额不得超过平均额的5倍。

> 企业缴费每年不超过本企业职工工资总额的8%。企业和职工个人缴费合计不超过本企业职工工资总额的12%。
>
> ——《企业年金办法》第三章第十五条

最理想的情况是，企业会给每位员工按其工资的8%交纳企业年金，员工个人交纳4%。举个例子，如果我们的个人年薪总额是100 000元，那么我们供职的企业当年交费的部分就不能超过8 000元，企业和个人合计交费不得超过12 000元。

值得注意的是，企业如果按本企业职工工资总额的8%计提企业年金，并按照每位员工工资的8%计入员工个人账户，最终是有可能出现盈余的。因为部分员工受限于其他条件可能计提不到8%的额度，所以全体员工的企业计提部分之和有可能会小于企业职工工资总额的8%，盈余部分会计入公共账户，作为中人补偿等用途。当然，很多企业也会选择不顶格交纳，比如企业交纳4%，个人也交纳4%，也是符合要求的。

> 企业应当合理确定本单位当期缴费计入职工企业年金个人账户的最高额与平均额的差距。企业当期缴费计入职工企业年金个人账户的最高额与平均额不得超过5倍。
>
> ——《企业年金办法》第四章第十八条

最高额与平均额避免了企业年金的多寡不均。举个例子，一家企业职级资深的工程师月薪达到68 000元，而企业全体员工的平均月薪只有10 000元。如果按照企业交纳8%、个人交纳4%来计提企业年金，职级资深的工程师每月理论上可合计交纳68 000（元）×12% = 8 160（元），而按照企业全体员工的平均工资计算则只能计提10 000（元）×12% = 1 200（元）。8 160元与1 200元相差超过了5倍，这就不满足年金最高额与平均额的差额不得超过5倍的政策了，需要调低职级资深的工程师每月交纳企业年金的额度。

职业年金与企业年金的情况非常相似，但不同的是，职业年金办法直接规定了单位和个人的交纳比例：单位交纳8%，个人交纳4%。而职业年金是针对机关事业单位工作人员设置的年金，由于机关事业单位工作人员的工资差异并不会像企业那么大，也就没有限制年金最高额与平均额不得超过5倍的政策了。

> 职业年金所需费用由单位和工作人员个人共同承担。单位缴纳职业年金费用的比例为本单位工资总额的8%，个人缴费比例为本人缴费工资的4%，由单位代扣。
>
> ——《机关事业单位职业年金办法》第四条

我能领多少年金

要了解自己退休后能够领取多少年金，首先需要了解一下年金的构成。下面以企业年金为例进行说明。

> 企业年金基金由下列各项组成：
> （一）企业缴费；
> （二）职工个人缴费；
> （三）企业年金基金投资运营收益。
>
> ——《企业年金办法》第三章第十四条

企业年金是由企业交费、职工个人交费以及企业年金基金投资运营收益三部分构成的，个人账户中这三部分的累计额度，就是我们能领取的所有的企业年金总额。

我们缴纳的基本养老保险会分为基础养老金和个人账户养老金两个部分，单位缴纳的部分计入基本养老保险的统筹基金的

"大池子"，也就是基础养老金部分，而个人缴纳的部分计入个人账户，是我们的"私汤池"。企业年金在这一点上与基本养老保险是不同的，企业年金只设有个人账户，企业交纳的部分和个人交纳的部分都会计入我们个人账户的"私汤池"中。只不过在这个账户中，会分别记录有多少资金是企业交纳的，有多少资金是个人交纳的。

> 企业缴费应当按照企业年金方案确定的比例和办法计入职工企业年金个人账户，职工个人缴费计入本人企业年金个人账户。
>
> ——《企业年金办法》第四章第十七条

虽然企业和个人交纳的资金都计入了个人账户，但是一家企业的企业年金会将所有员工的个人账户资金汇集为一个年金基金整体进行投资运作，所获收益也会按照基金净值计入我们的个人账户。

那么，到底我们能领到多少企业年金呢？其实不用我们自己来做复杂的计算，直接查询我们的企业年金余额就可以了。通常，我们有几个途径可以查询自己的企业年金余额。一是通过单位查询，我们可以直接询问本单位的人力资源部门，但是这个方式通常比较麻烦，查询人员需要登录系统，再查询我们的企业年金。有的单位的人力资源系统会允许员工自助查询企业年金余额，这种模式就方便多了。二是可以通过我们的企业年金受托人或者账户管理人的官方网站、手机 App 或微信小程序查询。至于受托人和账户管理人都是什么角色，在后边会进行介绍。举个例子，表 2-1 就是通过一家企业年金账户管理人的手机微信小程序查询到的企业年金余额。

表 2-1　企业年金余额查询　　　　　　　　　　　　　（元）

企业年金余额	503 870.63
个人余额	196 180.65
企业余额	307 689.98
企业名称	ABC 股份有限公司
计划名称	ABC 股份有限公司企业年金计划
查询日期	2023-03-01

职业年金与企业年金的构成基本一致。但是职业年金余额的查询与企业年金有所不同，因为职业年金并没有设置账户管理人这一角色，而是由各省的社保局或者年金管理中心来进行账户管理，所以我们也可以到社保局或者年金管理中心查询余额。这些机构通常设有网络渠道供用户查询职业年金余额。例如，上海市的机关事业单位工作人员可下载"上海人社"的手机 App 并绑定个人信息，通过"业务经办"—"社会保险"—"职业年金"即可查询自己的职业年金余额。

满足什么条件可以领取年金

领取年金的条件其实和基本养老保险差不多：一是达到法定退休年龄，二是出国定居，三是死亡继承。

职业年金的领取条件，按照《机关事业单位职业年金办法》的规定，与企业年金是一致的。需要注意的是，领取年金时，可以按月领取、分次领取或者一次性领取。千万不要认为一次性领取好，因为一次性领取的话，所需要缴纳的个人所得税是最高的。因此，如果不是急需大量现金，是不建议一次性领取年金的。《企业年金办法》规定，职工也可以将本人企业年金个人账户资金全部或者部分购买商业养老保险产品，依据保险合同领取待遇并享受相应的继承权。这其实也是一个不错的选择，有很多商业养老保险产品支持趸交保费（一次性购买），自购买之后起就可以开始领取了，一直到被保险人身故。在后面的章节，我会详细介绍商业养老保险。

> 符合下列条件之一的，可以领取企业年金：
> （一）职工在达到国家规定的退休年龄或者完全丧失劳动能力时，可以从本人企业年金个人账户中按月、分次或者一次性领取企业年金，也可以将本人企业年金个人账户资金全部或者部分购买商业养老保险产品，依据保险合同领取待遇并享受相应的继承权；
> （二）出国（境）定居人员的企业年金个人账户资金，可以根据本人要求一次性支付给本人；
> （三）职工或者退休人员死亡后，其企业年金个人账户余额可以继承。
>
> ——《企业年金办法》第五章第二十四条

更换工作单位，年金怎么办

更换工作单位时，年金该怎么办呢？这里分为几种情况。

第一种情况：由建立了企业年金的 A 企业，更换工作到建立了企业年金的 B 企业。

这是最简单的一种情况，我们的企业年金个人账户余额会从 A 企业的企业年金基金直接转入 B 企业的企业年金基金之中，继续由 B 企业的企业年金基金进行投资运作。我们个人是无须过多操心的，两家企业的人力资源部门的工作人员会完成交接，个人只需要确认单位对企业年金完成了转移操作。

第二种情况：由未建立企业年金的 A 企业，更换工作到建立了企业年金的 B 企业。

在这种情况下，我们相当于从 B 企业开始参加企业年金，按照单位的要求办理相关手续即可。每月发工资时，企业会代扣代交个人交纳的部分。

第三种情况：由建立了企业年金的 A 企业，更换工作到未建立企业年金的 B 企业。

在这种情况下，我们的企业年金会被留存在 A 企业，在达到领取条件时，由 A 企业办理企业年金的待遇领取。

第四种情况：由建立了企业年金的 A 企业，更换工作到未建立企业年金的 B 企业，之后又从 B 企业更换工作到建立了企业年金的 C 企业。

在这种情况下，我们在 B 企业工作期间，我们的企业年金会被暂时留存在 A 企业；在加入 C 企业之后，企业年金会从 A 企业的企业年金基金转入 C 企业的企业年金基金之中，继续由 C 企业的企业年金基金进行投资运作。

第五种情况：原本在 X 省的国家机关 A 局工作，更换工作到 Y 省的国家机关 B 厅。

在这种情况下，完全不需要我们自己操心，职业年金会随着国家机关事业单位的工作调动进行转移，涉及跨省的，个人的职业年金会由 X 省直接转移到 Y 省的职业年金计划。

第六种情况：原本在国家机关 A 局工作，更换工作到建立了企业年金的 B 企业。

在这种情况下，我们的职业年金会被保留在国家机关事业单位的职业年金系统中，并在 B 企业开始参加企业年金。如果我们在 B 企业退休，则会分别按照个人账户余额领取职业年金和企业年金待遇。

第七种情况：原本在国家机关 A 局工作，更换工作到建立了企业年金的 B 企业，若干年后又更换工作到国家机关 C 厅。

在这种情况下，在离开 A 局到 B 企业工作期间，职业年金会被保留在国家机关事业单位的职业年金基金中，在 B 企业开始参与企业年金。在 B 企业离职加入 C 厅工作后，企业年金会保留在 B 企业，职业年金关系由 A 局转移至 C 厅，继续职业年金的运作。如果我们在 C 厅退休，则会分别按照我们在 C 厅和 B 企业的个人账户余额领取职业年金和企业年金待遇。

以上几种情况虽然没有涵盖所有可能，但相信我们也能够根据这几种情况推断出在其他情况下，企业年金和职业年金的变更程序了。

年金是怎么投资的

要了解年金的投资，就需要先了解 5 个角色，分别是年金委托人、年金受托人、年金账户管理人、年金托管人和年金投资管理人（见图 2-1）。

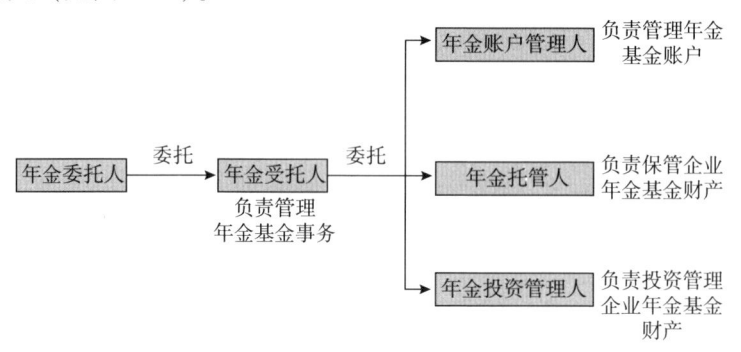

图 2-1 年金投资的 5 个角色

企业年金是由企业和职工发起的，企业和职工就是年金的委托人。一家企业建立企业年金，要通过职工大会或职工代表大会讨论选择年金受托人。所谓受托，就是接受委托人的委托，具体负责操办年金事务的机构。年金受托人可以是法人受托机构，也可以是企业年金理事会。法人受托机构一般是养老保险公司、养老金公司、商业银行或者信托公司。

年金受托人会选择年金的账户管理人、托管人和投资管理人。账户管理人负责管理企业年金基金账户，为每一位职工的企业年金建立个人账户，并记录企业、职工交费以及企业年金基金投资收益。年金托管人负责保管企业年金基金财产，托管人会以企业年金基金名义开设基金财产的资金账户和证券账户，确保基金财产的完整和独立，还会进行企业年金基金的会计核算和估值。投资管理人负责投资管理企业年金基金财产，年金的收益主要就看投资管理人的投资操作。

职业年金会涉及另外一个角色——代理人。代理人是代理委托人集中行使委托职责，并负责职业年金基金账户管理业务的中央国家机关养老保险管理中心及省级社会保险经办机构。代理人相当于承担了企业年金的委托人和账户管理人这两个角色。

那么，年金具体投资了什么资产呢？根据《企业年金基金管理办法》和《职业年金基金管理暂行办法》，年金基金的投资范围如下。

- 流动性资产：投资一年期以内（含一年）的银行存款、中央银行票据、同业存单，剩余期限在一年期以内（含一年）的国债，剩余期限在一年期以内（含一年）的政策性、开发性银行债券、债券回购、货币市场基金、货币型养老金产品等流动性资产的比例，合计不得低于年金计划委托投资资产净值的5%。
- 固定收益类资产：投资一年期以上的银行存款、标准化债权类资产、信托产品、债权投资计划、债券型基金、固定收益型养老金产品、混合型养老金产品等固定收益类资产的比例，合计不得高于年金计划委托投资资产净值的135%。债券正回购的资金余额在每个交易日均不得高于年金计划委托投资资产净值的40%。
- 权益类资产：投资股票、股票型基金、混合基金、股票型养老金产品（含股票专项型养老金产品）等权益类资产的比例，合计不得高于年金计划委托投资资产净值的40%。

简单来看，年金的投资范围和基本养老保险基金差不多，也是银行存款、债券和股票这三大类资产。

在实际投资运作中，大多数年金计划都选择了比较稳健的投资模式，即以固定收益类资产为主，通过少量的权益类资产提升收益。表2-2摘录了人社部公布的2017—2022年每年全国企业年金的年度加权平均收益率，可以直观地了解年金基金投资的收益情况。

表2-2 2017—2022年企业年金年度加权平均收益率

年份	平均收益率（%）
2017	5.00
2018	3.01
2019	8.30
2020	10.31
2021	5.33
2022	-1.83

第三章

**自己养老：
开启个人
养老金账户**

蒙娜丽莎的微笑

在卢浮宫亲睹一次蒙娜丽莎的微笑，去寻找藏在她眼中那83%的高兴、9%的厌恶、6%的恐惧和2%的愤怒，去发现达·芬奇笔下神性与人性的光辉，去感受文艺复兴时期人类艺术的巅峰。

第三支柱，来了

第一支柱是国家养老，第二支柱是单位养老，而养老的第三支柱，是靠我们每一个人自己来给自己养老。其实第三支柱的概念早就有了，只要是我们自己为老年储备养老金的行为，都属于第三支柱的大范畴。但是第三支柱在2022年以前，一直没有像第一支柱的基本养老保险以及第二支柱的企业年金和职业年金一样建立制度型养老金，也没有第一和第二支柱的税收优惠政策。直到2022年，第三支柱正式来了。

2022年4月国务院办公厅印发了《关于推动个人养老金发展的意见》，明确了推动发展适合中国国情、政府政策支持、个人自愿参加、市场化运营的个人养老金，与基本养老保险、企业年金和职业年金相衔接，实现养老保险补充功能，协调发展其他个人商业养老金融业务，健全多层次、多支柱养老保险体系。

2022年11月，人社部、财政部、国家税务总局、银保监会和证监会联合印发了《个人养老金实施办法》。同时，财政部和税务总局印发了《关于个人养老金有关个人所得税政策的公告》，银保监会印发了《商业银行和理财公司个人养老金业务管理暂行办法（征求意见稿）》，证监会印发了《个人养老金投资公开募集证券投资基金业务管理暂行规定》。

各项政策和管理办法密集出台，标志着第三支柱的正式落地。第三支柱个人养老金作为一项制度型养老金被正式推出，在交费额度、税收、账户、产品、领取上都做了具体的规定。因此，2022年也被称为"个人养老金业务元年"。

在第三支柱个人养老金开闸初期，很多人都因为银行丰富诱人的开户奖励措施而开立了个人养老金账户，但是开完户之后，其实还有一系列的事情等着我们去做，包括每年的税收优惠抵扣，也包括选择合适的个人养老金产品进行投资，还包括进行第三支柱个人养老金的规划等。关于第三支柱的所有问题，我会在这一章全部讲明白。

个人养老金的三大优势

自己直接进行储蓄或者投资来积累个人养老金，与通过第三支柱个人养老金账户投资积累养老金，有什么差异呢？差异其实还真不小，通过个人养老金账户进行投资，主要有三大优势。

第一个优势是，个人养老金账户会享受递延纳税优惠政策。在交费环节每人每年可以享受 12 000 元的税前扣除额度。也就是说，在交费阶段这 12 000 元是免缴个人所得税的。在投资环节，我们所获得的投资收益也不用缴纳个人所得税。而到了领取环节，无论领取额度大小，我们只需要统一按照 3% 的优惠税率计算并缴纳个人所得税。

> 自2022年1月1日起，对个人养老金实施递延纳税优惠政策。在缴费环节，个人向个人养老金资金账户的缴费，按照12 000元/年的限额标准，在综合所得或经营所得中据实扣除；在投资环节，计入个人养老金资金账户的投资收益暂不征收个人所得税；在领取环节，个人领取的个人养老金，不并入综合所得，单独按照3%的税率计算缴纳个人所得税，其缴纳的税款计入"工资、薪金所得"项目。
>
> ——《关于个人养老金有关个人所得税政策的公告》第一条

个人养老金的税收优惠政策，会为我们节省相当可观的所得税。能够减免多少所得税，与我们缴纳个人所得税所适用的税率有关。收入越高的，享受的税收减免就越多。按照个人所得税累进税率表进行计算，以顶额每年交纳12 000元个人养老金为例，如果纳税人全年应纳税所得在25万元左右，那么超过14.4万元的部分适用20%的税率档，交费环节每年可以抵扣2 400元个人所得税；如果纳税人全年应纳税所得额超过百万元，那么超过96万元的部分适用45%的税率档，则每年可以抵扣5 400元个人所得税。

其实我们个人所得税全年应纳税额对应的税率，基本上就是我们这12 000元的个人养老金额度所能享受到的税收优惠额度。现在还有什么产品能够稳稳享受最高45%的收益率呢？这属实是一项不可多得的福利。

第二个优势是，个人养老金账户可投资的金融产品非常具有竞争力。目前个人养老金账户能够投资养老储蓄、养老理财、专属养老保险和养老目标基金 4 种产品，而监管机构对所有入选个人养老金账户购买范围的产品都进行了层层把关，实行"白名单"管理。所以这些产品都是优中选优，安全性相对更有保障。很多产品是只能通过个人养老金账户购买的，从其他渠道无法购买。此外，入选产品的各项费用，包括申购费、管理费、托管费等，也都比同类产品低很多，以养老目标基金的申购费为例，如果通过个人养老金账户购买，在很多渠道可以享受一折的申购费率。

第三个优势是，很多银行针对个人养老金账户的开户都会赠送福利。按照规定，每个人只能选择一家银行，开立一个本人唯一的个人养老金账户。由于个人养老金账户的排他性，每一个客户都会成为银行争相拉拢的"香饽饽"。为了"跑马圈地"，各家银行在个人养老金业务开闸后使出浑身解数，有的直接送开户金，有的搞抽奖活动，有的送大礼包，各种福利从几十元到上百元不等。

除了这三大优势，个人养老金还可以帮助我们强制进行养老金储备，也为我们的第一支柱和第二支柱养老金提供了一份补充，当我们退休时可以多领取一份养老金。由于个人养老金账户也是一个制度型养老金政策，需要满足退休等条件才能领取，因此也可以帮助我们提前做好养老资金的规划，避免我们因为战略开支和过度消费而忽略了养老金的储备。

个人养老金账户适合所有人吗

虽然个人养老金业务有税收优惠、专属产品和开户福利三大优势，但并不是每一个人都适合开立个人养老金账户。对于不适合个人养老金开户的人，甚至有可能因为个人养老金的交费而多缴纳个人所得税。总结起来，有以下三类情况的人群不适合开立个人养老金账户。

第一种情况，如果没有参加基本养老保险，是不能参加个人养老金的。开立个人养老金账户，必须是已经参加基本养老保险的人群。

> 在中国境内参加城镇职工基本养老保险或者城乡居民基本养老保险的劳动者，可以参加个人养老金制度。
>
> ——《关于推动个人养老金发展的意见》第二条

第二种情况，年收入在96 000元以下的人，暂不适合参加个人养老金。由于个人养老金账户在交费、投资阶段免税，在领取阶段需要缴纳3%的个人所得税，那么对于本身就不用缴纳个人所得税以及缴税比例没有超过3%的人，就没有必要开立个人养老金账户，如果开立了个人养老金账户并存入资金，可能享受不到税前扣除福利，反而在领取阶段会多缴纳3%的个人所得税。年收入在96 000元以下，或者月收入在8 000元以下的人，适用的个人所得税税率是3%，暂不适合参加个人养老金。但是，我们可以选择在银行搞活动吸引客户时先开立一个个人养老金账户，获得银行的开户福利礼包，只要不存入资金，就不会受到税收上的影响，后续等自己的年收入增加了，再进行个人养老金交费。

第三种情况，年收入在16万元以下，可以享受较多个人所得税扣除项，且对资金流动性要求较高的人群，不适合参加个人养老金。个人所得税目前有大病医疗、子女教育、继续教育、住房贷款的按揭利息、住房租金、赡养老人以及抚养3岁以下婴幼儿等税前扣除项，在不计算大病医疗扣除项的情况下，其他6项合计最多能够享受69 600元的抵扣金额。那么对于年收入在16万元以下的人，实际应纳税额就回到了96 000元的档位以下，实际上适用的个人所得税税率是3%，这时开立个人养老金账户的税收优惠也就没有实际意义了。加之个人养老金账户的资金在退休前无法取出，占用了资金的流动性，可能会在一定程度上影响现阶段的生活质量。

假如每年顶额存入，到退休时有多少个人养老金

如果每年都按照12 000元顶额存入个人养老金，并进行投资，那么到退休时一共能积累多少个人养老金呢？

我们来测算一下。假设钱女士25岁参加工作，60岁退休。从参加工作并开始缴纳基本养老保险时，就按照每年12 000元的额度存入个人养老金，并用于投资。由于只有当适用的个人所得税税率高于3%时，存入个人养老金才有可能享受税收优惠政策，所以我们假设钱女士在开始工作的10年里，适用的个人所得税税率为10%，也就是3%的下一档，并且随着工龄和工资的增长，此后每10年适用的个人所得税税率上调一档，直至退休时适用的个人所得税税率为30%。在投资方面，2022年年末首批上线的养老理财的业绩比较基准下限年化收益率为5%，上限年化收益率为10%，我们按照业绩比较基准采用较多的下限年化收益率5%计算，可以得到表3-1所示的结果。

表3-1 个人养老金投资测算

年龄（岁）	存入金额（元）	税收减免（元）	本金+收益（元）	年龄（岁）	存入金额（元）	税收减免（元）	本金+收益（元）
25	12 000	1 200	12 600	43	12 000	2 400	384 791
26	12 000	1 200	25 830	44	12 000	2 400	416 631
27	12 000	1 200	39 722	45	12 000	3 000	450 063
28	12 000	1 200	54 308	46	12 000	3 000	485 166
29	12 000	1 200	69 623	47	12 000	3 000	522 024
30	12 000	1 200	85 704	48	12 000	3 000	560 725
31	12 000	1 200	102 589	49	12 000	3 000	601 361
32	12 000	1 200	120 319	50	12 000	3 000	644 030
33	12 000	1 200	138 935	51	12 000	3 000	688 831
34	12 000	1 200	158 481	52	12 000	3 000	735 873
35	12 000	2 400	179 006	53	12 000	3 000	785 266
36	12 000	2 400	200 556	54	12 000	3 000	837 129
37	12 000	2 400	223 184	55	12 000	3 600	891 586
38	12 000	2 400	246 943	56	12 000	3 600	948 765
39	12 000	2 400	271 890	57	12 000	3 600	1 008 804
40	12 000	2 400	298 084	58	12 000	3 600	1 071 844
41	12 000	2 400	325 589	59	12 000	3 600	1 138 036
42	12 000	2 400	354 468	60	12 000	3 600	1 207 538
合计					432 000	87 600	1 207 538

钱女士通过36年的个人养老金积累，每年按照12 000元顶额存入，一共投入了43.2万元，获得的税收减免额累计为8.76万元，按照年化5%的投资收益率测算，在60岁时本金加收益合计为120.75万元。如果加上节省的8.76万元个人所得税，实际获得的个人养老金总额为129.51万元。

时间的力量是强大的。通过测算，如果钱女士活到90岁，在扣除3%的个人所得税后，每年可以领取4万元的个人养老金。再叠加第一支柱和第二支柱的养老金，就可以拥有高质量的老年生活。

如果我们并不是从一参加工作起就开始个人养老金账户的投资，可能从30岁、40岁甚至50岁才开始，那么还是按照5%的年化投资收益率计算，直接对照表3-2就可以知道投资年份和退休时可以得到的本金加收益合计金额了。

表3-2 不同投资年限的个人养老金测算

投资年限	本金存入（元）	本金＋收益（元）
5	60 000	69 623
10	120 000	158 481
15	180 000	271 890
20	240 000	416 631
25	300 000	601 361
30	360 000	837 129
35	420 000	1 138 036
40	480 000	1 522 077

比如，我们累计投资个人养老金20年，每年按照12 000元的额度存入，总存入金额就是24万元，按照5%的年化投资收益率，

可以累计获得41.66万元的总额度。

该去哪家银行开个人养老金账户

由于我们每个人只能选择一家银行开立唯一的个人养老金账户，各家银行为了招揽生意，纷纷亮出各种"大招儿"，不少银行甚至拿出了开户就直接送现金的福利。面对各种各样的优惠活动，不少人会选择一家开户福利比较丰厚的银行开立个人养老金账户。但是，这个账户会跟随我们一辈子，千万不要被开户这点蝇头小利蒙蔽了双眼，草率地做出决定。在选择开立个人养老金账户的银行时，比开户福利更重要的，还有以下四点。

第一，应该选择一家可靠的银行开户。虽然说商业银行是不会轻易破产倒闭的，但把时间线拉长，放眼全球，也有不少商业银行轰然倒闭的情况发生。个人养老金将伴随我们一生，所以在选择开户银行时，一定要找一家可靠的银行。通常来说，规模更大、资本实力更雄厚、股东背景更强的银行会更加可靠，比如大型国有商业银行以及全国性股份制商业银行，都是非常可靠的银行。

第二，尽量选择一家销售个人养老金产品齐全的银行开户。我们开立个人养老金账户后，很重要的一个目的是对存入的资金进行投资增值，那么银行上架了多少款可供选择的个人养老金产品就非常重要了。有的银行第三支柱专区产品琳琅满目，应有尽有；而有的银行第三支柱专区产品却门可罗雀，甚至空空如也。我们应当选择一家个人养老金产品相对齐全的银行进行开户，以便在投资时能够进行更好的选择。不过，即便某家银行上架的产品不多，也可以通过第三方渠道购买产品，比如互联网销售机构或者证券公司，将自己的个人养老金账户与销售机构进行关联即可，只不过这样的操作会比直接通过银行购买产品稍微麻烦一点。

第三，尽量选择一家在自己养老住所附近有营业网点，或者营业网点覆盖较广的银行开户。有这样一个事实，就是在开始领取养老金时，我们都老了。虽然现在手机银行、网上银行办理各种业务都非常方便，但在首次领取个人养老金时，我们是需要到银行柜台办理手续的，而且之后如果遇到任何问题，也有可能需要前往银行网点。选择一家在自己养老住所附近有营业网点的银行就会方便很多。如果还不知道自己会在哪个城市、哪个地方养老，就可以尽量选择一家网点覆盖较广的银行开户。

第四，尽量选择一家服务更好、投资顾问更专业的银行开户。无论是在个人养老金账户的交费和投资阶段，还是在待遇领取阶段，银行的服务态度和专业性都非常重要。谁也不想在一家态度恶劣、敷衍客户的银行办理业务，更不希望选一家投资顾问不专业的银行。一些银行在平时反复通过电话、微信骚扰我们，推销各类产品，在真正需要投资顾问建议时又不够专业、不能推荐合适的产品。有一些银行真正把个人金融业务做到了极致，服务好、专业度高，确实值得托付终身。

如果我们已经开立了个人养老金账户，但是感觉并不符合以上几条标准，也可以更换开户银行。只要在原来开户的银行提出销户申请，就可以选择一家更合适的银行进行开户。当然，一旦开始投资，更换银行也会有一些成本，如果没有特别的必要，不建议更换个人养老金的开户银行。

其实所有具备个人养老金账户开户资格的银行，都是经过监管机构严格筛选的，也都具备相应的服务能力。我们可以根据个人的具体需求，综合考虑以上四个因素，选择一家适合自己的银行，托付自己的个人养老金账户。

领取个人养老金需要满足什么条件

个人养老金的领取条件，与基本养老保险和年金是差不多的，一是达到法定退休年龄，二是出国定居，三是死亡继承。

> 参加人达到领取基本养老金年龄、完全丧失劳动能力、出国（境）定居，或者具有其他符合国家规定的情形，经信息平台核验领取条件后，可以按月、分次或者一次性领取个人养老金，领取方式一经确定不得更改。领取时，应将个人养老金由个人养老金资金账户转入本人社会保障卡银行账户。参加人死亡后，其个人养老金资金账户中的资产可以继承。
>
> ——《关于推动个人养老金发展的意见》第七条

在领取时需要关注的点有两个。第一个是领取时可以按月、分次或者一次性领取个人养老金。按照《关于个人养老金有关个人所得税政策的公告》，个人领取的个人养老金，不并入综合所得，单独按照3%的税率计算缴纳个人所得税。所以除了按月或者分次领取，也可以一次性领取，领取之后可以直接通过趸交形式购买商业养老保险产品，相当于对个人养老金再进行一次投资规划。

当然，在投资阶段就已经购买了年金型专属养老保险产品的话，就不需要再进行这样的操作了，可以直接享受保险待遇领取。

第二个是在领取个人养老金时，会将个人养老金账户的资金转入本人社会保障卡关联的银行账户中，与基本养老保险一并通过社保途径领取。

个人养老金如何交费与投资

第三支柱个人养老金每人每年有12 000元的额度，这个额度可以享受个人所得税的税前扣除，需要我们自行交费。最简单的交费方式就是在每个自然年度的任意一天，将12 000元资金直接转入我们在银行开立的个人养老金账户。当然，我们也可以分多次交费，比如每月存1 000元，但没有必要这么麻烦，因为免税的额度是以年为单位计算的，因此只要每年完成交费就可以了。完成交费之后，个人养老金账户的开户银行会与人力资源和社会保障部的系统进行对接，并生成个人养老金交费的税延凭证，我们在进行每个年度的个人所得税申报时，可以直接从税前抵扣项中扣除。

第三支柱的个人养老金与第一支柱和第二支柱最大的不同之处，就是需要我们自主进行投资操作。前文介绍过，第一支柱基本养老保险的资金由全国社会保障基金管理运营机构负责管理，第二支柱由受托机构委托专业的投资管理人进行投资管理，而第三支柱则需要我们自己"操刀"了。

目前，个人养老金账户可以投资的产品有以下四种。

- 养老储蓄（由开户的银行提供）。
- 养老理财（由银行下属的理财公司提供）。
- 专属商业养老保险（由保险公司提供）。
- 养老目标基金（由基金管理公司提供）。

个人养老金的参与者可以自由选择产品进行投资，在具体的产品选择上，一方面可以看开户的银行在销售哪些产品，另一方面也可以通过第三方渠道关联自己的养老金账户进行购买。

这四种产品无论从风险属性还是功能属性上，其实都是性质完全不同的四种金融产品，也适合不同的人进行投资。

养老储蓄的投资

养老储蓄，其实就是银行储蓄存款，是目前个人养老金可以投资的四种产品中安全性最高的金融产品。养老储蓄虽然风险很低，但收益也比较固定，适合风险偏好较低或者距离退休领取时间较近的人进行投资。

目前我们只能在开立个人养老金账户的银行进行养老储蓄的投资，如果我们发现该银行没有养老储蓄的服务，可能是该银行或者我们所在的城市还没有开始推出养老储蓄。2022年7月，中国银保监会和中国人民银行联合发布了《关于开展特定养老储蓄试点工作的通知》，在合肥、广州、成都、西安和青岛五个城市开展试点，选择中国工商银行、中国建设银行、中国银行和中国农业银行四家大型国有商业银行进行试点。后续会在全国各地以及各家银行陆续开启养老储蓄业务。

养老储蓄与一般的储蓄存款相比，具有期限长和利率高两个优势。首批推出的养老储蓄，有 5 年、10 年、15 年、20 年四个期限，适合长期投资，而普通的储蓄存款期限一般为 1 年、2 年、3 年、5 年。在储蓄形式上，养老储蓄包括了整存整取、零存整取和整存零取三种类型。在利率方面，养老储蓄产品的利率是略高于四家国有商业银行的 5 年期定期存款挂牌利率的。

养老储蓄有一个非常厉害的功能，就是能够锁定长期利率。很多国家在很长的一段时间里都处于利率下行周期，一些国家的银行活期存款利率甚至为负，即把钱存在银行还要倒贴钱。如果预期会进入利率下行周期，直接将个人养老金锁定在某个长期利率，如 10 年或 20 年定期，将能够有效抵御利率下行带来的风险。

养老理财的投资

养老理财，是由商业银行控股的理财公司针对个人养老金推出的理财产品，在产品名称中会有"个人养老金理财"的字样，而且需要由中国银保监会进行严格的审批后才能发行。养老理财所投资的底层资产的安全性相对较高，以固定收益类资产为主。养老理财产品适合投资风格比较稳健的投资者购买。

2022 年首批发行的养老理财产品都是风险等级为 R2 级的 5 年期理财产品，业绩比较基准为 5%~10%。各家银行的养老理财产品普遍比同期限的 R2 级理财产品的预期收益率或业绩比较基准高一些。需要注意的是，养老理财产品也是非保本浮动收益型的理财产品，这也就意味着理财的本金是有可能亏损的，对于在任何情况下都不接受亏损的投资者，则更适合选择养老储蓄进行投资。

虽然养老理财并不保本，但养老理财会比普通的 R2 级理财更为稳健，因为在产品机制上，引入了管理费平滑基金模式。简单来说，就是理财公司会建立一个平滑基金的"小池子"，理财公司管理养老理财所收取的报酬叫管理费，每次在收取管理费时，会扣除一部分放到这个小池子里，当产品到期时，如果收益没有达到最低业绩比较基准，就会取出这个小池子里边的资金进行差额补足。这个模式相当于理财公司用自己的收入对养老理财产品做了有限的收益保证。由于养老理财的期限足够长，因此养老理财投资的固定收益类资产大多可以通过持有到期的形式获得收益，而不用在意市场波动。通常只要不发生极端的系统性风险，养老理财大多是可以达到其业绩比较基准的收益率的。

关于养老理财产品的风险等级、底层资产以及投资技巧，会在本书第六章的"玩转银行理财"这个话题中进行详细介绍。

专属商业养老保险的投资

专属商业养老保险，是由保险公司针对个人养老金推出的保险产品。产品设计分为积累期和领取期两个阶段，我们可以在积累期使用个人养老金账户内的资金交纳保费，到达退休年龄开始领取，领取期不得短于 10 年。产品采取账户式管理，账户价值计算和费用收取公开透明。积累期采取"保证＋浮动"的收益模式，产品会按照不同风险偏好设置两个或更多的投资组合。

2022年年末首批推出的7款专属商业养老保险都设置了稳健型和进取型账户，稳健型账户的保证利率较高，在2%~3%，以投资固定收益类资产为主；进取型账户的保证利率较低，在0%~1%，以投资权益类资产为主。

那么有人就会疑惑，为什么稳健型账户的保证利率反而比进取型的账户保证利率高呢？进取型的收益率不是应该更高吗？这里需要了解的是，保证利率并不是产品实际的收益率，而是保险公司必须支付给投资者的利率，即便投资实际没有达到保证利率，也必须按照保证利率进行强制兑付。产品的实际利率会以投资的实际收益情况为准，如果实际收益率比保证利率高，那么就会按照实际收益率给投资者结算；如果实际收益率比保证利率低，那么就会按照保证利率给投资者结算。也就是说，保证利率是保险公司保证给我们结算的最低利率。稳健型账户的收益空间有限，所以我们享受的保证利率就会比较高，方便求稳的投资者购买；进取型账户的收益空间比较大，相对风险也比较大，所以我们享受的保证利率就会比较低，适合不太在意最低保证但需要博取高收益的投资者购买。从2022年的实际运行情况来看，所有专属商业养老保险产品的稳健型和进取型账户的实际收益率均超过了4%。

投保人可以根据自己的风险偏好调整两个账户的资金分配占比，以满足自身的投资需求。保险公司提供身故责任、年金领取责任的基础保障，同时部分保险公司也会附加提供重疾、护理、意外等其他保险责任。专属商业养老保险主要适合对退休后养老金的领取规划比较明确的人群，也比较推荐距退休10~20年的人群选择购买。

养老目标基金的投资

养老目标基金，是由基金管理公司针对个人养老金推出的公开募集的证券投资基金产品，具体又分为养老目标日期基金和养老目标风险基金。

养老目标日期基金是根据退休年份来设计的产品，基金名称通常带有"2035""2040""2045"等年份标识。投资养老目标日期基金时，可以直接选择与自己的退休日期最接近的目标日期基金，这样比较省心。如果自己预计在2041年退休，那就直接选择距离自己退休年份最近的一只养老目标基金，如基金名称中含有"2040"标识的养老目标日期基金。养老目标日期基金会根据不同的目标到期日进行资产配置，在起初采取相对积极的投资策略，在临近退休时会采取更加稳健保守的投资策略，并对资产的久期进行统一管理，以便在目标日期到达时，产品能够有充足的流动性供开始领取退休金的投资者赎回产品。

养老目标风险基金是根据风险偏好来设计的产品，分为积极型、平衡型和稳健型。积极型养老目标风险基金的风险较高，同时预期收益空间也较大，主要投资权益类基金；稳健型养老目标风险基金的风险较低，同时预期收益空间也较小，主要投资固定收益类基金；平衡型养老目标风险基金的风险和预期收益空间居于积极型和稳健型产品之间。三种类型的产品设置方便投资者根据自己的风险需求进行选择。投资养老目标风险基金时，如果距离自己的退休时间较长，则更推荐选择积极型的产品；如果距离自己的退休时间较短，则更推荐选择稳健型的产品。

需要了解的是，无论是养老目标日期基金还是养老目标风险基金，都不是直接投资于股票或债券等资产的，而是投资于其他公募基金，所以养老目标基金都是基金中的基金（Fund of Funds，简写为FOF）。因此，养老目标基金的盈亏波动曲线会比普通公募基金的更为平缓，因为养老目标基金在最终投向股票、债券这些底层资产之间，还有一层公募基金作为缓冲。养老目标基金可以通过个人养老金账户购买，也可以通过其他渠道购买，其实只要是相同的产品，其基金经理、底层资产的持仓情况都是一样的。不同的是，基金管理公司为个人养老金账户设置了Y类基金份额，也就是给予了管理费、托管费等方面的优惠，所以通过个人养老金账户购买的基金的净值会略高。

养老目标基金本身也是公募基金的一种。关于基金的投资技巧，会在本书第七章的"定量和定性遴选公募基金"这个话题中进行详细的介绍。

养老储蓄、理财、保险和目标基金的对比

任何一个金融产品，都会有安全性、流动性和收益能力三大属性。很遗憾，这三者是不可兼得的。养老储蓄、养老理财、专属商业养老保险和养老目标基金这四类个人养老金产品在这三大属性上是有显著差异的。

养老储蓄的本质是银行存款，安全性最高，但期限和收益都是固定的。

养老理财的本质是银行理财，不能保证本金安全，但通过拉长周期，加上管理费平滑基金模式的保护，总体还是稳健的。养老理财在期限上设有封闭期，在收益能力上比养老储蓄具有更大

的空间。

专属商业养老保险比较特殊，在安全性上其实接近于储蓄，只要保险公司不倒闭，就需要在满足合同约定的条件时，履行约定的支付义务。专属商业养老保险的收益能力与很多因素相关，例如被保险人的寿命，如果寿命长，很可能获得较大的超额收益。专属商业养老保险与其他产品还有一个显著差异，就是专属商业养老保险还附带一定的保障功能性，除了最基本的身故责任和年金领取责任，部分产品还附带了重疾赔付等条款。

养老目标基金是四类产品里预期收益空间最大的，但相应地，安全性也是最差的。当然这只是一般情况，并非绝对，例如稳健型的养老目标风险基金，其特征就与养老理财更为相似（见表3-3）。

表3-3 不同个人养老金产品的属性

产品	安全性	流动性	收益能力	功能性
养老储蓄	★★★	★	★	☆
养老理财	★★	★	★★	☆
专属商业养老保险	★★☆	☆	★☆	★★
养老目标基金	★	★★	★★★	☆

注：严格来讲，个人养老金账户内的产品都没有流动性可言，必须满足退休等领取条件才可领取。但是各类产品在个人养老金账户内是可以赎回和转换的，因此表格里的流动性主要考虑的是产品封闭期的长短。

总的来说，个人养老金的产品投资有三个思路。

第一个思路是我们可以按照距离退休时间的长短来选择产品。距离退休时间较长，比如距离退休20年以上，就可以选择收益空间较大的产品，例如养老目标基金，因为时间可以很好地对冲风险，并获取收益。距离退休还有 10~20 年的，可以选择相对稳健的产品，比如养老理财；也可以考虑配置一款专属商业养老保险，每年交费，退休后领取。距离退休时间较短的，尤其是 10 年以内的，更推荐投资养老储蓄，以保证稳稳地拿到养老钱。

第二个思路是我们可以直接按照自己的风险偏好来选择产品。如果我们是风险厌恶型投资者，可以选择养老储蓄；如果是风险中性的投资者，不是特别强调保本，但需要相对稳定并略高于储蓄利率的收益率，可以选择养老理财；如果是风险偏好型投资者，愿意承担风险以博取高收益，可以选择养老目标基金。

第三个思路是我们可以按照自己退休后的资金规划来选择产品。如果对养老金的领取有特定的规划，或者希望附带一些保险属性，可以选择专属商业养老保险。如果只是想简单地投资增值，尽可能扩大自己的养老金额度，就可以直接按照个人风险偏好来选择养老储蓄、养老理财或养老目标基金。

这几类产品虽然都是第三支柱个人养老金的专属产品，但在本质上也属于银行储蓄存款、银行理财产品、保险产品和公募证券投资基金，具体的产品特点、投资技巧，会在后续的篇章中介绍。

第二篇 | 进阶养老——还不够？自己再补充一些

第四章
提早规划：
多维补充
养老金来源

富士山的夏天

"雪如纨素烟如柄,白扇倒悬东海天。"富士山脚下的箱根,有着富氧量醉人的空气,珍贵的弱碱性水源,还有宜人的温泉,是全球平均寿命最长的日本老年人的度假胜地。

三个支柱够我们养老吗

如果从一参加工作就开始缴纳基本养老保险，同时享有单位的企业年金或职业年金，并把每年的个人养老金交到顶额，到退休时，这三个支柱的养老金够我们养老吗？

首先我们要定义一下养老金够用的标准。回顾一下本书引言的"需要多少钱才够养老"这个话题，我描述了三种养老的状态，分别是温饱的老年、舒适的老年和富足的老年。温饱的老年，就是能够自给自足，保证养老金能够满足基本生活所需。舒适的老年，是在保证温饱养老水平的基础上，还额外需要退休前可支配收入的50%的养老金，这样在没有大额开支的前提下，基本能够维持退休前的生活水平。富足的老年，是指不仅能够完全保持退休前的生活质量和消费水平，还能负担购房换房、旅游娱乐以及兴趣爱好等多元需求，甚至在经济上对子女给予支持。我们来测算一下，在用足三个支柱养老金的前提下，能够达到哪个状态。

在本书第一章"我退休了能领多少社保养老金"这个话题中，我曾举过钱女士的例子，计算了钱女士能够从第一支柱的基本养老保险领取多少养老金。为方便起见，我们继续按照钱女士的情况测算另外两个支柱的情况。回顾一下钱女士的情况，25岁参加工作，55 岁退休。每月的基本工资从开始工作时的 8 750 元涨到退休时的 36 000 元，每年的平均涨幅为 5%，平均月薪是 20 000 元。退休后，钱女士在 69 岁之前每月可获得 7 526 元社保养老金，其中包含统筹账户基础养老金部分的 4 138 元和个人账户养老金部分的 3 388 元。在 69 岁之后，钱女士的个人账户养老金被领取完毕，每月只能领取基础养老金 4 138 元。详细的测算过程可参见前文。

如果钱女士的工作单位建立了第二支柱企业年金，并按照单位 8% 和个人 4% 的上限交纳，我们可以逐年计算出钱女士交纳的年金。在钱女士退休时她的企业年金账户共交纳了 83.71 万元，其中单位累计交纳 55.81 万元，个人累计交纳 27.90 万元。如果年金的年化平均投资收益率为 5%，到钱女士 55 岁退休时，她的企业年金账户总额是 163.1 万元。

再看看第三支柱的情况。钱女士从工作开始每年按 12 000 元顶额存入个人养老金，并投资了一款年化收益率 5% 的养老理财产品，到 55 岁退休时，个人养老金账户累计的余额为 83.71 万元。

综合三个支柱的情况，钱女士到退休时，第一支柱的个人账户、第二支柱的企业年金账户和第三支柱的个人养老金账户累计了约 304.42 万元的养老金。

我们来看看钱女士退休后的领取情况。在第二支柱和第三支柱的领取计算上，我们按照钱女士的寿命进行平摊计算。如果钱女士活到 69 岁，那么每月能够从第一支柱的统筹账户中领取 4 138 元基础养老金，从个人账户中领取 3 388 元，从第二支柱的企业年金账户中领取 9 261 元，从第三支柱的个人养老金账户中领取 4 983 元，合计每月可以领取 22 218 元。钱女士退休前的月薪为 36 000 元，每月 22 218 元的养老金基本符合"舒适的老年"的养老标准。所以，如果钱女士活到 69 岁，在工作时顶额交满三个支柱的养老金，即可获得一个舒适的老年（见表 4-1）。

表 4-1　钱女士退休后的养老金领取情况　　　　　　　　　（元）

	第一支柱		第二支柱	第三支柱	合计
	统筹账户	个人账户	企业年金	个人养老金	
累计余额	—	576 000	1 631 077	837 129	3 044 206
活到 69 岁每月领取	4 138	3 388	9 709	4 983	22 218
活到 78 岁每月领取	5 184	56~69 岁：3 388 69 岁之后：0	5 910	3 033	14 127
活到 90 岁每月领取	6 114	56~69 岁：3 388 69 岁之后：0	3 884	1 993	11 991

注：为简单直观起见，表格的计算并未考虑尚未领取部分的投资增值情况，仅按照领取时间进行算术平均，因此实际领取的金额可能比表格反映得多。

如果按照 2021 年我国人口 77.93 岁的平均预期寿命计算，钱女士的情况又会如何呢？有一个变化就是，69 岁之后，钱女士第一支柱的个人账户资金就领取完毕了。也就是说，从 70 岁开始，钱女士的社保养老金就只能领取统筹账户的基础养老金部分了。这个部分我们假设社会平均工资每年有 3% 的涨幅，那么钱女士平均每月可以从统筹账户领取 5 184 元的基础养老金，个人账户部分分段计算，最后取算术平均，加上第二支柱每月可领 5 637 元，第三支柱每月可领 3 033 元，钱女士如果活到 78 岁，平均每月合计可以领取 14 127 元。而社会平均工资按照 3% 的涨幅，彼时已经达到 14 562 元。钱女士的养老金只能维持在与社会平均工

第四章　提早规划：多维补充养老金来源

资差不多的水平上，也就是只够维持温饱的老年生活水平了。显然，钱女士活到 78 岁是不如她活到 69 岁每月可以领取的养老金多的。发现了吗？钱女士的养老金每月可以领取的额度随着寿命的提升，被摊薄了。这就会出现活得越久，生活质量越差的情况。

那么如果钱女士很长寿，活到了 90 岁呢？根据表 4 - 1 的测算，钱女士如果活到 90 岁，每月可平均从三个支柱中领取 11 991 元养老金。而在钱女士 90 岁的时候，按照 3% 的涨幅，社会平均工资已经由钱女士退休时的 7 600 元上升到超过 2 万元的水平了。这时钱女士每月拿到的养老金已经远远不及社会平均工资了，如果仅依靠三个支柱的养老金，她的实际生活水平也将会受到很大影响。

经过测算，钱女士如果活到 69 岁，仅依靠三个支柱的养老金，可以获得一个舒适的老年；如果活到我国人口平均预期寿命 78 岁，则只能获得一个温饱的老年；如果活到 90 岁，可能就连维持基本生活都会有困难了。而这还是在推测预期寿命的前提下，将第二支柱和第三支柱的养老金平摊到每个月计算的。在实际情况中，我们并不能提前预知自己的寿命，大多数人会设定一个领取计划，例如领取到 80 岁，那么当自己的实际寿命超过 80 岁时，第二支柱和第三支柱的养老金就已经被领光了。

通过测算我们发现，我们的寿命越长，或者说养老时间越长，我们每月平均能拿到的养老金就越少。这是因为，除了第一支柱社保养老金统筹账户内的可领取金额可以随着社会平均工资进行实时调整，第一支柱的个人账户、第二支柱的企业年金账户以及第三支柱的个人养老金账户都是余额模式，领取时间越久，每月的平均领取金额就会越少。如果每月按固定金额领取，将会在某一天领取完毕，出现无钱可取的情况，到时就只能依靠第一支柱社保养老金统筹账户的养老金过活了。

我们也可以按照自身情况测算自己在未来可以领取的养老金，但结果会与钱女士的基本相同。所以，我们可以得出一个结论，仅仅依靠在交费阶段满额交纳三个支柱的养老金，如果我们退休后的领取时间在15年以内，基本可以获得一个舒适的老年。而随着寿命的延长，我们平均能够获得的养老金就会减少，同时伴随着彼时消费水平的增长，我们的养老金甚至可能不够满足生活所需。

仅靠三个支柱养老金能否满足养老，这个问题其实就和交了住房公积金能否买得起房子一样。三个支柱养老金和住房公积金都属于政策性福利，在充分利用的情况下，如果需求不高，或许是够的，但如果自己对寿命或生活品质有所追求，可能就不够用了。

那么，如果我们希望在长寿的情况下也拥有充足的养老金，该怎么办呢？其实也很简单，除了这三个支柱，再为自己准备一份额外的养老金进行补充就可以了。实际上，我们自己准备的养老金，无论是不是通过个人养老金账户积累的，都属于广义的第三支柱范畴。个人养老金账户是享受税收优惠和白名单产品等专项政策的，因而个人养老金账户也是狭义的第三支柱。

"理财投资"和"养老投资"不一样

除了三个支柱的制度型养老金，我们还可以为自己额外进行养老金储备。额外积累的养老金与我们平时自己理财的资金其实是没有硬性隔离的，同在生活所需之外，单独储备的闲余资金池。

对于这部分资金，我们通常会进行储蓄存款、购买保险、购买理财和基金等产品的投资操作。但是，由于最终目的不同，"理财投资"的操作与"养老投资"的操作，其实是不一样的。

我们理财投资的资金，通常包括生活必需的花销，犒劳自己的购物、旅游开销，也包括为了大额战略开销而做的储备，如购房、购车、结婚、子女教育等，还包括应对疾病等突发事件。因此，理财投资资金的期限应该是短期和中期的，对流动性有一定的优先要求。而我们用于三个支柱之外补充养老的投资资金，使用资金的时间是以我们的退休时间为标志的，是长期限的，因此无须过多顾及流动性问题，只需要考虑安全性和收益就可以了。

如果将"理财投资"和"养老投资"这两种钱混同起来管理，一方面可能导致对流动性、安全性和收益性管理的混乱；另一方面可能导致资金会被中短期的需求优先占用，使我们很难真正存下额外的养老金。解决方案其实很简单，使用本书引言"你的养老金做隔离了吗"这个话题中介绍的账户硬隔离方法，对"理财投资"和"养老投资"设立不同的账户进行管理即可。

此外，运用好保险，可以在为意外、疾病等突发情况提供保障的同时，兼顾投资功能，或者可以避免预防性资金的占用，以便我们更好地规划理财。

我们想要做好"理财投资"和"养老投资"，就需要对"四种钱"做好合理规划。

做好"四种钱"的规划

我们所挣的钱，基本上会分为四类，即生活的钱、保障的钱、储备的钱、投资的钱。

生活的钱，是我们在生活中用于日常开销的钱。比如吃喝拉撒、衣帽鞋包、水电气费、出行通信、娱乐开销、电商购物等。这些钱是生活所需，对资金流动性的要求非常高。即便我们使用各类信用卡和花呗等短期借贷工具，也需要在一个月左右的周期内完成还款。

保障的钱，是我们为了应对突发事件而准备的资金，也就是应急的资金。比如为了应对家里突然有人生病需要的治疗资金，或者是开展经营活动以及从事农林牧渔产业的人，为了应对突发事件或自然灾害而准备的应急资金。这部分资金其实完全可以使用保险进行替代。人身险可以提供各类疾病与意外所需的资金，财产险可以提供各类生产经营以及自然灾害所需的资金。

储备的钱，是我们为各类大额战略开支所准备的资金。比如买房换房、买车换车、结婚生育、子女教育等。这些资金的使用虽然低频，但通常所需额度较大，需要进行中期资金积累。储备的钱有两个特点，一是对使用时间有特定的要求，比如两年后结婚、五年后买房等。二是如果将储备的钱用于投资，不宜出现亏损，一旦亏损就将影响用款计划。比如计划两年后用800万元买房，结果在此期间参与了权益基金的投资，遇到市场调整，亏损了15%，800万元就只剩680万元了，买房计划就出现了资金缺口。对于储备的钱，我们除了要进行中期积累，也可以使用贷款进行部分替代。

投资的钱，是没有特定用途的，纯粹用于资产增值的钱。这部分钱对于流动性不会有太大的要求，我们要考虑的无非是在安全性和盈利性之间的取舍。

做好这四种钱的规划，有助于我们个人和家庭的财务管理，当然也有助于我们更好地积累三个支柱以外的养老金。这四种钱配置的优先顺序应该是：

生活的钱 > 保障的钱 > 储备的钱 > 投资的钱

马斯洛的需求层次结构从底部向上依次为：生理需求、安全需求、社交需求、受尊重需求、自我实现需求。这四种钱的优先顺序其实很好地对应了马斯洛的需求层次结构。

生活的钱永远是第一位的，是保证我们基本日常花销的钱，对应了衣食住行等生理需求，是无论如何都需要优先保障的。注意这里提到的"衣食住行"中的"住"，不是指买房，而是保障生活的基本住所，理解为租房会更贴切。

保障的钱排在第二位，这也对应了安全需求，是为了应对我们患病治疗或在遇到困难时的资金需求。

储备的钱排在第三位，结婚、买房、买车、教育这些大额战略开销是让我们在这个社会中"越活越好"的花销，也是能够让我们产生归属感的花销，对应的是马斯洛需求层次结构中第三层的社交需求和第四层的受尊重需求。

投资的钱排在最后，单纯是为了投资增值，至于具体用途我们可能还没有想好，其实也可以视为实现我们的梦想而做的资金储备。也许是为了有一天我们去创业，也许是为了有一天我们去周游世界，都可能用到这笔资金。投资的钱，对应的是马斯洛需求层次结构中最高层次的自我实现的需求。

顺序排好了，那么，这四种钱应该如何配置呢？

进阶补充养老的资产配置

如果我们想在三个支柱之外进行补充养老金的积累，就需要从现在起做好"四种钱"的规划和配置。只有在平时做好资金规划，才能在漫长的岁月中一点点攒出养老钱。在这一部分，我们就一起看看在明确了"四种钱"的优先顺序后，如何使用相应的金融工具进行合理的资产配置，使我们能够通过巧用理财工具，既照顾到生活所需的中短期资金，又能积累一笔长期养老金。

首先要保障的是生活的钱。生活的钱需要覆盖日常花销，对流动性要求很高。其中一部分我们可以使用信用卡进行支付，这样只要每月进行一次集中还款就可以了。我们可以将生活的钱投资于货币类产品以增加收益，比如货币市场基金以及货币类的理财产品。

用于保障的钱，对流动性的要求较高，在需要使用时要能拿得出一定额度的资金，比如罹患疾病时，需要临时拿出一笔治疗费用。这部分资金可以通过保险来替代。我们可以使用医疗险覆盖日常门诊和住院开销，使用重疾险应对确诊重大疾病，使用意外险和寿险规避或降低各类预期之外的风险可能对生活造成的影响。

储备的钱，都有比较明确的用款计划，可以通过用款日期倒推的方法进行投资安排。对于一些大额开销，也可以使用住房按揭或信用贷款等工具进行替代。这部分钱可以投资于固定收益类产品，比如定期存款和国债，以及风险等级为 R2 级的银行理财产品、债券型基金和增额终身寿险等产品。

投资的钱对流动性的要求比较低。如果希望稳健一些，可以直接投资固定收益类产品，比如定期存款、国债、R2 级银行理财产品、债券型基金，除此之外，也可以投资于年金险直接锚定养老之用。如果希望获得更多收益，可以多尝试权益类产品，如 R3～R5 级银行理财产品、股票、混合型和股票型基金、信托计划、资产管理计划以及私募股权基金（见表 4-2）。

表 4-2　四种钱的投资配置

钱的种类	流动性要求	补充替代工具	投资策略	适合的金融产品
生活的钱	高	信用卡	货币类产品	活期存款；货币市场基金、货币类理财产品
保障的钱	较高	保险	保障类产品	医疗险、意外险、重疾险、寿险
储备的钱	中	贷款	固定收益类产品	定期存款、国债；R2 级银行理财产品、债券型基金；增额终身寿险
投资的钱	低	—	固定收益类、权益类产品	定期存款、国债、年金险；R2 级理财、债券型基金；R3～R5 级理财、股票、混合或股票型基金；信托计划、资产管理计划、私募股权基金

具体每一类产品如何选择、如何投资，会在接下来的三个章节中进行介绍。投资是需要一些金融知识和一定的经验积累的。我们一方面要了解所投资的产品，另一方面也要多做尝试。学习一件事情，听三遍不如自己看一遍，看三遍不如自己做一遍，投资也是如此。

2035 年以后的消费模式

国家卫健委预测,在 2035 年左右中国 60 岁及以上的老年人口将突破 4 亿,进入重度老龄化阶段。彼时,60 岁及以上的老年人口在总人口中的占比将超过 30%。

重度老龄化的社会将是什么样子呢?我们可以看看我们的邻国日本。2020 年,日本就是世界上老龄化程度最高的国家了,也是全球 60 岁及以上老年人口比重超过 30% 的唯一的国家,同时还是人口平均预期寿命最长的国家。[①] 重度老龄化的日本有三个比较突出的特点,值得我们提前了解和借鉴,或许我们未来也将经历类似的情况。

第一,老年群体多是有钱的人。日本参加国民年金的老人 2022 年每月可以领取 6.48 万日元(约 3 440 元人民币)的养老金,参加厚生年金的老年家庭每月可以领取 21.96 万日元(约 11 657 元人民币)的养老金。加上第二支柱企业年金以及第三支柱的个人储蓄账户计划(NISA)和个人型定额供款养老金计划(iDeCo)账户,退休后月收入在 10 万日元(约 5 308 元人民币)以上的老人不在少数,所以日本的退休老人其实是比较有钱的一个群体。这也导致了日本的老龄产业非常发达,很多年轻人通过给老年人提供服务赚取收入,比如带着便携式浴缸上门给失能老人洗澡,就是起源于日本的一项服务。

第二,整个国家呈现出消费降级态势,进入低欲望时代。20 世纪 90 年代之前,日本人的消费能力如日中天,但在日本金融危

[①] 资料来源:清家笃. 老年金融学 [M]. 殷雨涵,译. 北京:中信出版集团,2020.

机之后，日本人的消费开始变得保守。到 21 世纪，日本进入深度老龄化阶段后，呈现出明显的消费降级态势，整个国家进入了低欲望时代。不仅仅是老年人，很多年轻人也陷入低消费的状态，甚至有些年轻人选择不结婚、不生育，"宅"的生活方式在当今日本非常盛行。

  日本的消费降级体现在很多地方。在法国巴黎卢浮宫的外门附近有一家经营多年的免税店，主营名牌手表、珠宝配饰等奢侈品，主要客户是各国来卢浮宫参观的游客。这家免税店一共有三层，一层面向普通客户，售卖的商品比较大众化；二层售卖的商品相对高端，设有劳力士、万国、欧米茄等名牌手表的专柜；三层则针对贵宾，装潢奢华，设有百达翡丽、宝玑、江诗丹顿、爱彼等顶级名牌手表的专柜，并提供一对一的导购服务。在 2007 年之前，免税店的三层仅向日本人开放，持有日本护照的客人可以直接上三层，由精通日语的法国人为他们提供服务。而其他国家的客人，只能在一层和二层购物，即便想买顶级手表，也需要导购从三层取货到二层进行接待。而在 2007 年之后，这家免税店进行了大规模调整，取消了"日本专区"，三层出现了大量提供中文服务的导购，这一层也基本变成"中国专区"。当然，这家免税店并没有对任何国家的游客给予优待或歧视，他们只是尊重购买力而已。

  不光是在海外，在日本本土，也出现了显著的消费降级现象。20 世纪末的东京银座街区，商场里充斥着大量国际奢侈品专柜，爱马仕、路易威登、古驰、阿玛尼、博柏利都是日本人喜爱的品牌。而今，这些专柜的数量和客流都远不及往昔，而优衣库、无印良品这类性价比高、实用性强的日本品牌在日本大行其道，优衣库 12 层的旗舰店已成为如今银座街区的网红打卡地，客流量碾压奢侈品专柜。

第三，很多老年人还在坚持工作。你如果去过日本，会发现许多出租车和巴士的司机是 60~70 岁的老年人，这并不仅仅是因为老龄司机的驾驶经验丰富，而是这些老年人仍然需要一份稳定的收入来维持生活所需。2022 年日本厚生劳动省的调查结果显示，近四成的日本企业允许 70 岁以上的老年人工作，这是迄今为止全球工作年龄的最高值。

日本的很多老龄化现状，很可能就是我们在 2035 年之后所要面对的。老年人掌握大量财富、社会出现消费降级、延迟退休年龄，都是我们正在和即将面临的情况。那么我们现在应该做些什么呢？其中有三点是我们可以从日本借鉴的经验，应当提前布局。

一是提前做好养老金储备。中国的老龄产业也一定会发展起来，针对老年人的各种服务也将日益丰富，如果没有足够的养老金支撑，恐怕就无法享受这些服务了。

二是坚持长期投资健康。健康的身体永远是我们最宝贵的财富。日本人的预期寿命是目前全球最高的，这与他们长期对健康的重视和良好的饮食习惯有关。拥有健康的身体，不仅可以拥有丰富多彩的老年生活，也可以在仍然希望工作时，拥有基本的身体条件。

三是提前调整消费理念。在我们年轻的时候，会有很多消费冲动，也会购买一些奢侈品。但随着年龄的增长，会慢慢发现这些极为昂贵的商品带给我们更多的是心理的安慰，而并没有多大的实用价值。大多数奢侈品不会比固定资产更保值，适当减少奢侈品的消费，强化养老金的储备，将有助于拥有更加精彩的老年生活。

诗和远方很美，当下也很重要

如果在年轻时过度消费，就有可能透支自己的养老金。但同时也存在另一个极端，如果在年轻时太过注重养老金储备，在生活上过于拮据，又会导致我们忽略了很多眼前的美好。甚至有人担心，万一自己攒了很多养老金，却没有那么幸运能够活到高龄来享受，那就太得不偿失了。

诗和远方很美，当下也很重要。我们应该在当下与老年之间做好平衡，而这个平衡的关键，就是自己的财务布局。

财务布局的能力主要体现在两个方面。第一个方面，是资金的规划和使用。具体而言，就是规划好在什么时间需要花什么钱。养老金的储备，也是资金规划和使用的一部分，在本书引言"应该从多少岁开始攒养老金"这个话题中，已经介绍过应该从什么时候开始积累养老金。简单回顾一下：首先，从开始工作时，就应该开始缴纳社保养老金和企业年金（如果单位建立了企业年金），这两类制度型养老金不仅是税前缴纳，还具有很强的杠杆效应，可以尽量拉长缴存时间，以取得更多的养老金积累。第三支柱的个人养老金，可以从自己能够充分享受税收优惠政策时开始存入并投资。至于在政策型养老金之外自己额外补充的养老金，则无须过早布局，可以在完成结婚、购房、购车等大额花销之后，再进行布局。这样就能够基本做到兼顾当下与未来。

第二个方面，是投资的能力和技巧。第一支柱的社保养老金和第二支柱的企业年金并不需要自己投资，但是第三支柱是完全需要由自己来进行投资运作的，不论是狭义的个人养老金账户，还是广义的个人补充养老储备，都要靠自己。养老类的投资产品，也都属于金融产品，包括了很多复杂的资产管理产品和保险保障产品，如果对产品不够了解，就很难通过长期的投资获得适当的收益，甚至有可能出现亏损本金的情况。

其实不仅仅是养老金，我们日常使用的资金，也是需要投资管理的。无论是现在用的钱，还是养老的钱，涉及的理财技巧是一样的。在接下来的三个章节里，我将详细介绍一些投资理财的产品和技巧。具备了投资理财的技巧，不但有助于更好地规划当下，也可以期待美好的诗和远方。

第五章
保险配置：消除后顾之忧

马尔代夫的沙滩

隐藏在赤道深处的极致净土,犹如上帝在印度洋散落的珍珠。如果厌倦了城市的喧嚣,不妨选一座马尔代夫的小岛,躺在沙与水的天堂,做一个远离尘世的梦。

你有几张保单

在这本主题是养老金的书里,为什么会提到保险呢?一方面,健康问题是每个人在养老金储备上的一大拦路虎。合理利用保险,可以在财务上化解重疾、医疗、意外等问题可能给我们带来的困扰,从而帮助我们更好地进行养老金规划。另一方面,很多健康险需要我们在未老时购买,很多保险公司不会对老年人出售健康险,或者即便出售,性价比也非常低。但是,如果我们在年轻时购买了长期或终身健康险,不仅可以获得一个较低的价格,到我们老年时依然可以享用健康险的保障。此外,一些养老险和理财险本身也是我们积累养老金的工具之一,所以我们在做养老金积累的过程中,是肯定绕不开保险的,而且用好保险,可以让我们的养老规划如虎添翼。

保险本身是一种防患未然、未雨绸缪的机制,人们通过小额资金投保,在意外和不幸发生时获得大额资金的损失补偿。保险制度可以说是人类社会发展过程中创造的经典制度之一,这种"抱团取暖"的机制可以让每一个参与的人不必再为突如其来的小概率事件投入过多的精力和资金进行预防。

保险在人们的生活中发挥着非常重要的作用,保险机制可以用来对抗未知的"命运"。没有人知道自己会在未来遇到何种意外，罹患何种疾病，遭遇何种损失，如果没有保险，就只能"听天由命"。保险的作用就是用当下我们担负得起的少量资金，去对冲未来的这些不确定性。

保险是理财的一个重要组成环节，是一个不可回避的问题。比起理财技巧，保险的观念显得更加重要。发达国家的理财观念呈现出"低储蓄、高保险"的形态，推崇信用消费，提前享受人生。而中国却恰恰相反，呈现出显著的"高储蓄、低保险"现象，信用消费的普及度并不高。近年来，年轻人的信用消费虽然有所提升，但老年人仍然不舍得花钱。而且，保险这个行业在中国的接纳度并不高，甚至曾经由于营销手段过于激进，被很多人所排斥。据统计，美国人的投保率为420%（每人平均持有4.2份保单），日本人的投保率更是高达650%（每人平均持有6.5份保单），而中国人的投保率只有不到60%，人均持有保单数量尚不足一份。反观储蓄率，美国人只有5.6%，中国人却高达52%。

你现在手里有几张保单呢？

很多人不接纳保险是因为觉得罹患重疾和发生意外的概率比较小，这些事情都非常遥远，认为每年都为了尚未发生的小概率事件花费一笔钱没有必要。但重疾和意外真的遥远吗？

2020年中国恶性肿瘤发病人数为456.9万人，因恶性肿瘤死亡300.3万人，当年中国的新发病例和病死人数均为全球第一；同年，共发生交通事故24.5万起，因交通事故死亡6.2万人，受伤人数25.1万人。如果对数字不敏感，那再给出一组参考数据：2020年中国全年死亡人数为997.6万人。也就是说，因癌症死亡的人数占总死亡人数的30%，因交通事故死亡的人数占0.6%，相当于每 1 000 个死亡的人里就有 300 人死于癌症，有 6 人死于交通事故。这么看，这个概率还是小概率吗？恶性肿瘤只是千万种疾病中的一种，交通事故也只是千万种意外中的一种，对比一下我们就知道重疾和意外的发生概率并不算小，这些危险其实就在每个人身边。

这个世界上有太多因为一次意外、一场疾病毁掉一个家庭的悲剧，即便是比较富裕的家庭，也可能因为一次意外或重疾使整个家庭的生活品质降级。其实，这些都可以通过保险来规避。

在保险行业有一个非常经典的问题：如果你拥有一辆车，是不是每年都会为你的车投交强险和商业险？而你为自己的身体和生命又投了多少张保单呢？难道你自己的身体和生命，还不如一辆汽车吗？

四要素识别一切保险

虽然中国的保险普及率不高，但保险产品非常丰富。按照保障范围，仅人身险就包括了定期人寿险、终身人寿险、生死两全险、生存险、失能收入损失险、护理险、医疗险、疾病险等，按照保险功能又可以分为消费型保险、储蓄型保险、分红型保险、万能型保险、投资连结型保险等。对于刚刚接触保险的人，花样繁多的保险产品给人的感觉就像是男士走进化妆品商店，或者小学生面对微积分，完全摸不着头脑。

其实无论多么复杂的保险，只要抓住以下四要素，就能迅速了解一款保险产品的核心。

- 交多少保费？
- 保什么内容？
- 保多长时间？
- 赔多少额度？

面对保险销售人员的推荐，也可以通过询问这四要素迅速了解保险产品的情况。

对于保险产品的选择还有一条建议：原则上不推荐购买功能太复杂的保险产品。如果需要多种功能，则可以通过持有多张单一功能的保单来实现。很多附加了诸多复杂功能的保险产品使保险的本质发生了偏移。比如万能险涵盖的保险范围特别广，似乎什么都赔，而且20~30年后获得的返还金额在投保时看起来也特别具有诱惑力。但实际上，万能险虽然所保的种类繁多，对于每一个险种的保额却非常有限，而且还有一些险种是多数人用不上的保险权益。真正出险时，由于保额的限制，能起到的作用会大打折扣。此外，万能险是一个需长期投入的险种，如果投保金额少则很难发挥作用，如果投保金额大则会极大地占用现金的流动性，对当下生活质量的影响非常明显，20~30年后拿到的一笔在投保初期看似"可观"的投资返还，其实在到手时也并不那么"值钱"了。

经常用到的人身险主要是以下几种，这里简单对这些保险的功能和赔付方式进行归纳。

- 重疾险：解决罹患重疾的问题，一次性大额赔付。
- 医疗险：解决门诊住院购药等医疗开销，实报实销。

- 寿险：以生命为标的，一次性赔付或按合同分期给付。
- 意外险：应对特定意外伤害，一次性赔付。
- 年金险：针对养老资金进行规划，退休后按计划领取。

接下来就对这几个险种进行展开介绍。

越早买越便宜的重疾险

重疾险就是重大疾病保险，是以被保险人患有恶性肿瘤、心肌梗死、脑出血等特定重大疾病为标的，由保险公司给予相应赔付的商业保险。因为老年人患有重疾的概率非常高，卖给老年人重疾险显然是不赚钱的，所以很多保险公司是不会向老人出售重疾险的。想要买到价格合适的重疾险，就要尽早下手。一方面可以为自己的老年生活提供一份长期保障，另一方面也可以将其作为在工作期间一项应对重疾的手段，为我们更好地积累养老金解决后顾之忧。因为如果有重疾险的保障，当在工作期间不幸罹患重疾时，就不至于花费大量积蓄用于治疗而严重影响财务状况。关于重疾险，我们用以下三个问题来搞清楚。

重疾险保什么

重疾险的保障范围可以参考由中国保险行业协会与中国医师协会共同制定的《重大疾病保险的疾病定义使用规范》，在2020年修订版中，涵盖的疾病种类由2007年的25种扩充到28种（见表5-1）。

表5-1 重疾险的保障范围

序号	重疾种类	序号	重疾种类
1	恶性肿瘤——重度	15	瘫痪
2	较重急性心肌梗死	16	心脏瓣膜手术
3	严重脑卒中后遗症	17	严重阿尔茨海默病
4	重大器官移植术或造血干细胞移植术	18	严重脑损伤
5	冠状动脉搭桥术	19	严重原发性帕金森病
6	严重慢性肾衰竭	20	严重三度烧伤
7	多个肢体缺失	21	严重特发性肺动脉高压
8	急性重症肝炎或亚急性重症肝炎	22	严重运动神经元病
9	严重非恶性颅内肿瘤	23	语言能力丧失
10	严重慢性肝衰竭	24	重型再生障碍性贫血
11	严重脑炎后遗症或严重脑膜炎后遗症	25	主动脉手术
12	深度昏迷	26	严重慢性呼吸衰竭
13	双耳失聪	27	严重克罗恩病
14	双目失明	28	严重溃疡性结肠炎

资料来源：中国保险行业协会，中国医师协会．重大疾病保险的疾病定义使用规范（2020年修订版）[EB/OL]．（2020-11-05）．http://www.iachina.cn/art/2020/11/5/art_22_104708.html.

罹患这些疾病，会直接影响到正常的工作和生活。对于养老，无论是从未老时储备养老金的角度，还是从退休后老年生活质量的角度，碰到表5-1中的任何一种疾病都会产生致命的打击。重疾险可以在财务上降低这种风险的影响，是一种非常实用、必要的保险。

保险公司为了吸引客户，给原本单纯的重疾险扩展出很多其他的功能，最为常见的附加功能就是身故赔付和轻症、中症赔付。带身故赔付的重疾险就是当被保险人身故时，直接赔付保额。轻症和中症赔付相当于增加了重疾的保障范围,这里需要注意的是,轻症的数量并非越多越好,而是要覆盖到高发的轻症,且赔付比例越高越好,例如轻症可赔保额的30%。

重疾险什么时候买

重疾险什么时候买最好?很简单,越早越好,0岁买最好。保险所谓的0岁就是从婴儿出生到满1周岁之前,这是在一个人的整个生命周期中,重疾险最便宜的时候。如果错过了0岁,还是越早买,越便宜。以下是某家保险公司的在线报价实测案例(见表5-2)。

表5-2 某家保险公司的重疾险在线报价

男性		女性	
投保年龄(岁)	每年保费(元)	投保年龄(岁)	每年保费(元)
0	3 090	0	2 780
25	6 360	25	5 610
30	7 470	30	6 600
35	8 850	35	7 770
40	10 560	40	9 150

注:终身重疾(100年),保险额度30万元,20年交保费,60种重疾,22种轻症,轻症给付3次,轻症豁免剩余保费。

表5-2是针对30万元保险额度分20年交保费,分别对0岁以及25~40岁的男性和女性被保险人的报价,可保障60种重疾和22种轻症,其中轻症给付3次,并豁免剩余保费。如果被保险人是男性,在0岁时投保最便宜,只需25岁时的一半价格都不到。在25岁时投保,每年保费需要6 360元。如果在40岁时投

保，每年的保费已经过万元。终身重疾险可以伴随自己一生，所以趁年轻，应该尽早给自己投一份重疾险。如果被保险人是女性，则无论何时投保，按照上述这款保险方案，每年保费都会为男性保费的85%~90%，相当于给保费打了一个折扣。这也是保险行业的规律，同龄的男性会比女性的保费高出不少。这主要是因为男性所患各类疾病的平均发病率比女性要高，男性的平均预期寿命也比女性要低，因此保险公司对男性的赔付就会更多。通过精算，针对男性被保险人的保费成本自然也就会更大。

从这个例子可以看到，年龄和性别是影响重疾险价格的重要因素，重疾险的保费会随着被保险人的年龄增长而快速爬升，因此越早买重疾险，性价比越高。如果是给孩子买，那么在满1周岁以前购买最便宜。

重疾险买多少合适

重疾险的保险额度应参考自身收入确定。这里引入一个"保额收入比"的概念，即保险额度与被保险人一年税后收入的比例倍数，这一数字代表了被保险人出险后能够在不工作的状态下仅凭保额维持多少年出险前的收入水平。建议配置重疾险等险种的"保额收入比"应不低于1倍，不高于5倍。比较推荐的"保额收入比"是2倍。这样既不会因为过大的保额影响当前生活质量，又能在出险时靠所获偿的保额保证在2年内不工作也不影响生活质量。

举个例子，28岁的钱女士年收入是15万元，按照2倍的"保额收入比"，就很适合直接购买这款保额30万元的保险，每年保费大约在6 000元左右，占年收入的4%，并不会对她的生活产生太大影响，却能为她增加一份终身保障。如果有能力买更高额度，比如60万元保额，直接按照上述方案买两份即可。

实现看病自由的医疗险

世上之难事，唯有看病最难。看病不仅难，还特别贵。但看病的钱，谁又敢省呢？无论贫穷还是富有，到了医院的收费窗口，哪个不是大把大把地花钱？这时候，如果有一份医疗险，就能实现看病自由了。关于医疗险，也有不少问题，比如已经有了基本医疗保险，还要不要额外买医疗险？买了重疾险，还要不要买医疗险？有什么好的医疗险产品可供选择？

基本医疗保险和商业医疗保险

五险一金涵盖了基本医疗保险，能够覆盖一部分医疗开销。但是很多进口药、特需号并不在基本医疗保险的范围之内，或者基本医疗保险的额度不足以覆盖一些住院、手术的费用，这时候就需要商业医疗保险来进行补充。

目前比较常见的商业医疗保险是百万医疗险，能够覆盖各类医疗所需，对基本医疗保险形成了很好的补充支撑。需要注意的是，不少百万医疗险会有一个免赔额度，通常是1万元左右，每年的医疗开支在这个额度以内是不赔付的，只有超过这个额度，才可报销。

医疗险与重疾险的差别

如果有了重疾险，还需要买医疗险吗？其实重疾险和医疗险有非常大的区别，两者是可以兼得的。我用一个比较形象的类比来区别这两类保险。我们知道差旅报销有两种形式：一种是包干制，无论住什么档次、价格的酒店，乘坐什么样的交通工具，只要是出差，就按照每日 300 元的标准予以现金补贴，多不退、少不补；另一种是实报实销制，单位会规定好差旅标准，在标准内发生的费用，出差人先行垫付，后续持发票实报实销。重疾险类似于包干制，只要确诊罹患保险合同内规定的疾病，会进行一次性赔付；医疗险类似于实报实销制，被保险人就诊时先行垫付医药费，再凭发票实报实销。与差旅报销不同的是，差旅报销必须在包干制与实报实销制中选择一种，而重疾险和医疗险是可以同时享有的，也就是同时上了重疾险和医疗险，可以分别领到一次性的重疾赔付，同时享受治疗费用的报销。

医疗险通常是消费型保险，一年交 200～600 元，总报销额度为 100 万～400 万元，足以应对不同疾病的医疗花费的赔付。医疗险只能用于报销直接医疗费用，而病人看病期间的交通费等间接医疗费用并不包含在内，并且一些重病会使人在一段时间内失去工作能力，产生的误工费也不能通过医疗险解决。然而生活还要继续，按揭和信用卡还要还款，这时如果同时拥有一份重疾险，就会起到很大作用。

先买一份普惠健康宝

有没有一款医疗险，既便宜，又能涵盖广泛的医疗保障范围？还真有！近几年，由各省的医疗保障局、地方金融监督管理局主导，联合一些头部保险公司推出了一类新的商业补充医疗险产品。以北京为例，保险名称叫作北京普惠健康保。

北京普惠健康保是由中国人民保险、中国人寿、泰康保险、太平洋保险、中国平安保险五家保险公司共同设计开发，北京市医疗保障局、北京市地方金融监督管理局共同指导，中国银行保险监督管理委员会北京监管局监督的普惠商业健康保险。北京普惠健康保对参保人的年龄、既往病史、健康状况等均不设投保门槛，患有恶性肿瘤、肝肾疾病等五类特定既往症的人群也可保可赔。参保条件是在北京参加基本医疗保险的人群，以及拥有北京市户籍或持有北京市居住证且已参加异地基本医保的。

北京普惠健康保的保障责任涵盖基本医疗保险目录内/外三重保障：一是基本医疗保险目录内住院＋门诊个人自付费用，超出北京市当年大病医疗保险起付标准即可报销，最高可赔付100万元/年；二是基本医疗保险目录外住院个人自费费用，最高可赔付100万元/年；三是100种高额特药费用，其中25种国内特药保额为50万元/年，75种国外特药保额为50万元/年。这么大保障范围的保险，保费只需195元/年，不分年龄。不得不说这是一种福利。在其他省，也都有本地的普惠健康保。在基本医疗保险之外，一定要考虑给自己和家人上一份普惠健康保。

并非鸡肋的寿险

寿险曾经是个很鸡肋的险种，原因很简单，寿险的保险责任是被保险人的死亡。我们如果给自己买一份寿险，需要等自己死了才能够赔付，这种产品确实不太容易被接受。

但是，对于上有老、下有小的"家庭支柱"来说，一旦身故，就是整个家庭的崩塌，其他人会因为"家庭支柱"的死亡而陷入难以生存的境地。如果再加上高额的房贷，很有可能让家人沦落到无家可归的境地。所以，对于"家庭支柱"，尤其是背负房贷的家庭成员，寿险是能够为家庭提供一份实实在在的保障的。

定期寿险

寿险分为终身寿险和定期寿险。对于终身寿险，保险公司必赔无疑，因为人终有一死。所以终身寿险的保费极其昂贵，说实话，性价比也真的不高。相比之下，定期寿险则更有吸引力。

定期寿险是在保险合同约定的期间内，如果被保险人死亡或全残，保险公司按照约定的保险金额给付保额。定期寿险的保障期限我们可以自己选择，通常保障期间是 20～30 年，或者说保至 60 岁。定期寿险的好处是，能够用大幅低于终身寿险的价格，为处在当打之年的"家庭支柱"提供生命赔付保障。定期寿险的价格相比终身寿险要便宜很多。以 30 岁的钱女士为例，100 万元保额的定期寿险，保至 60 岁，保费大约是 2 100 元/年；保至 70 岁，保费大约是 3 500 元/年，而如果是终身寿险，保费大约是 10 500 元/年。如果是男性，保费会比同龄女性上浮 50%甚至一倍。

如果我们的家庭中存在"家庭支柱"的角色，不妨为其买一份保至退休的定期寿险，可以为整个家庭提供一份可靠的保障。

增额终身寿险

终身寿险的销路一直不是非常理想，因此保险公司对终身寿险进行了改良，推出了增额终身寿险。增额终身寿险在终身寿险的基础上，增加了一些理财的属性。

增额终身寿险与终身寿险最主要的不同是，增额终身寿险不需要等到身故才可以领取,增额终身寿险的核心价值在于其现金价值,这类产品的现金价值回本很快,而且能以一定的速度持续、稳定地增长。可以理解为现金价值涨到了多少钱,也就是所交的保费增值到了多少钱。只要交费期结束,账户里的现金价值,我们可以部分领取或者全部一次性退保领取。余下没有领取的现金价值,会在账户里面继续增值。

增额终身寿险有几个明显的特点。一是收益确定,增额终身寿险的合同会写明每年交多少钱,交多少年,以及在不同的年份可以领取多少钱。二是保障终身,增额终身寿险是终身寿险的一种,只要不把账户的钱全部取出,剩下的资金可以一直增值。三是安全性高,保险公司与商业银行一样,接受银保监会的严格监管,并且有充足的资本金做担保,增额终身寿险的安全性甚至可以媲美银行存款。四是稳定增值,按照监管要求,增额终身寿险的预定利率的上限是3.5%,目前市场上各类产品基本可以做到接近3.5%的复合收益率。3.5%的收益率可能乍看上去并不高,但拉长年份,以复利计息,则是相当具有吸引力的。

杠杆强大的意外险

意外险的全称是意外伤害保险,是以被保险人因遭受意外伤害造成死亡、残废为给付保险金条件的人身保险。意外险以消费型保险居多。所谓消费型保险,就是交纳保费后不会返还保费。与之对应的是返还型保险,返还型就是在保险期结束时如果没有出险,还会返还本金。通常短险以消费型为主,比如车险;而长险以返还型偏多,比如重疾险。大多数意外险的保险期间在一年以内。百元左右的意外险一般会包含 100 万元左右的航空意外、20 万元左右的意外身故及伤残、15 万元左右的交通工具意外赔付额度。如果额度不够可以重复购买多份。意外险很便宜，但因为出险概率比较小，所以杠杆效果是非常强大的。

值得注意的是，不少保险公司在客户购买重疾险等比较"昂贵"的险种时，会赠送意外险。也有很多单位会给员工上意外险，确保员工上下班和差旅期间的安全。一些银行的白金信用卡也会赠送意外险。如果这些"外来"的意外险额度足够的话，其实可以不必额外购买。

比较实用的意外险是在旅游或出行过程中，购买一份与出行期限匹配的超短期意外险，价格非常便宜，但能获得不少出行保障，同时还可以提供意外出险的赔付，是非常方便的选择。一些国家在发放旅游签证时，也需要提供机票和覆盖旅行期间的意外险。

给自己上一份年金险

企业年金和职业年金作为养老保障的第二支柱，是一项非常难得的待遇。企业年金目前在全国仅覆盖了 3 000 多万人，而职业年金则是机关事业单位的工作人员才能够享有的，企业年金和职业年金加起来覆盖的人数只有 7 000 万左右，所以其实还有大部分人并没有享受到第二支柱的年金福利。如果我们的单位还没有建立年金，我们自己可以给自己投一份年金吗？其实是可以的，很多保险公司都有年金险这个商业险种。

年金险是人身保险的一种，是由投保人一次性或按期交纳保费，保险公司以被保险人生存为条件，按年、半年、季或月给付保险金，直至被保险人死亡或保险合同期满。可以说，年金险是一款典型的养老型保险，我们可以通过以下这款具体的产品来了解年金险（见表5-3）。

表5-3　某年金险产品示意

开始投保年龄	40岁	
交费方式	分3年交，每年10万元	
开始领取年龄	60岁	
年金每年领取金额	32 800元	
收益＞已交保费临界年份	第12年	
内部收益率（年末）		
年龄（岁）	生存总收益（万元）	内部收益率（%）
50	28.1	-0.74
60	47.9	2.49
70	69.5	3.26
80	89.1	3.64
90	101.7	3.82

钱女士40岁开始投保这款年金产品，分3年投保，每年交10万元保费，3年合计交保费30万元。钱女士从60岁时可以开始领取这款产品提供的"养老金"，每年领取32 800元，一直领取到钱女士身故。我们从测算表中可以看到，如果钱女士活到70岁，合计能领取70万元左右的"养老金"，已经比投入的本金翻番还多。如果活到90岁，则能够领取超过100万元的"养老金"。所以，年金险是一款活得越久就领得越多的产品。

如果家里的直系亲属中有高龄老人，说明自己也可能有长寿基因，不妨给自己配置一款年金险，享受一下保险公司从你退休后"永久"发放"养老金"的福利。

那么如果还没领几年就不幸离世了呢？多数年金险会有最低保障领取年份的约定，如 15 年。也就是说，如果被保险人领取不足 15 年就去世了，保险公司会按照 15 年的领取额支付给指定的受益人。

年金险与增额终身寿险的比较

由于年金险和增额终身寿险都有保险资金计划表，都是交齐保费之后，按计划表进行资金领取，属于理财型的保险产品，因此经常会有人把年金险和增额终身寿险进行比较，甚至有人会为如何选择而犯难。其实这是两种属性完全不同的产品，买哪种，只要根据自己的用途进行决定就可以了。我们对比一下这两种产品，会发现差异主要在以下三方面。

一是收益及收益形式不同。年金险的收益是不确定的，收益取决于我们的领取时间，活多久就能领多久，活得越长，收益就越高。而增额终身寿险的收益是确定的，如 3.5%，是按照合同约定的。

二是流动性不同。年金险是从确定日期（如退休）开始领取的，如果提前领取，会有非常大的损失。而增额终身寿险可以根据自己的用款计划进行提取，而且可以分次提取，灵活加减资金。

三是现金价值不同。年金险的现金价值积累非常缓慢，换句话说就是回本速度慢，但开始领取后，将形成极其稳定的现金流，所以非常适合作为养老金储备。而增额终身寿险的现金价值积累比较快，回本速度快，但取出用完之后就不再享受收益。

所以，我们可以得出这样的结论：如果是单纯用来养老，就直接选择年金险；如果是希望进行中长期资金的保值增值，为买房、子女教育等阶段性目标做资金储备，目标也可以包括养老，但养老不是唯一目的，就选择增额终身寿险。

你的单位给你上团险了吗

从前面的章节我们了解到：衡量一个单位对员工好不好，除了看这家单位给员工发多少工资，还应该看是否给员工建立了企业年金。其实除了企业年金，还有一个检验标准，就是看单位有没有给员工投保团险。

团险就是团体保险，是以一张保险单向多个被保险人（3人以上）提供保障的保险形式。通常团险会由单位的人力资源部或者工会为员工进行集体投保。保险公司为了抢夺市场，针对单位给员工投保的团险推出了打包服务，叫作员工福利计划。计划会根据单位的具体需求涵盖多个险种，可能包括但不限于以下几种。

- 意外险。
- 补充医疗险。
- 住院责任险。
- 重疾险。
- 定期寿险。

惊不惊喜，意不意外？我们想要的保险，单位很可能都已经给我们买了。这些保险其实价值不菲，如果自行购买，需要占用相当一部分现金流。那单位为什么肯花钱给员工买团险呢？主要有以下几个原因。

第一，团险可以减轻或转嫁一部分单位的责任。例如员工在因公出差期间遇到交通事故而受伤，或者在单位工作期间因突发性心肌梗死而入院治疗，都属于工伤，单位需要承担员工的医疗费用并给予一定补偿。如果单位为员工购买了团险，相当于用确定的费用对冲了不确定的风险。

第二，单位为员工购买补充医疗险的费用可以在企业所得税税前计入扣除。单位的补充医疗险基本是以团险的形式实现的，所以是可以享受税收优惠政策的。

> 企业为投资者或者职工支付的补充养老保险费、补充医疗保险费，在国务院财政、税务主管部门规定的范围和标准内，准予扣除。
>
> ——《中华人民共和国企业所得税法实施条例》第二章第三节第三十五条

第三，团险可以起到留住人才的作用。团险与企业年金一样，是一项非常扎实的福利，相信任何员工都会愿意在一家福利齐全的单位工作。如果离开单位，也就意味着会失去团险的福利，所以团险可以起到引才留才的作用。

第四，团险是真的便宜。同样的险种，如果个人购买，所需价格将大幅高于团险。这是因为团险是批发业务，个险是零售业务。团险作为批发业务，省去了大量的渠道成本、营销推广成本和沟通成本，同时企业也比个人拥有更强的议价能力，加之一个单位的员工在很多保险条件上是有相似之处的，保险公司的赔付压力精算也会更加精准，这些都会反映到团险的价格上。

赶紧问问自己单位都有什么团险吧！如果单位已经为我们投保了，我们就可以省下不少保费。当然，针对重疾险、寿险这类可以重复赔付的保险，在团险的基础上我们还可以为自己单独投保，这样就能够获得多份保单和更加充实的保额，为我们的生活增加保障，也能够让我们更加安心地积累自己的养老金。

一举两得的商业养老金

如果觉得三个支柱的政策型养老金不够自己养老，怎么办？如果觉得自己投资养老金太复杂，懒得花时间和精力打理，怎么办？如果没有参加基本养老保险，也就没有办法参加第三支柱的个人养老金业务，又该怎么办？其实与个人养老金业务配套推出的还有一项广义第三支柱的业务，就是商业养老金。

商业养老金不只是一种产品，而是包括养老账户管理、养老规划、资金管理和风险管理等服务在内的，由养老保险公司提供的满足客户生命周期内多样化养老需求的一类养老专项服务。如果个人在政策型养老金之外还想自己积累一部分补充养老金，商业养老金就是非常理想的选择。

养老保险和养老保险公司

财产保险和人身保险比较常见，养老保险则较为新奇。比如车险就是典型的财产保险，而寿险、重疾险则是典型的人身保险。

养老保险其实从名称上就可以知道，是针对养老相关事务的保险，主要保障目的就是让被保险人老有所依、老有所养。

养老保险公司是专门提供养老相关保险保障服务的公司，由于早期主要针对机构提供第二支柱企业年金和职业年金的相关服务，比如受托管理、账户管理、投资管理等，直接针对个人的服务很少，曾经推出的个人养老保障产品也陆续下架，因此许多个人客户对其并不了解。但是，第三支柱开闸后，养老保险公司正式开始对个人提供服务，其中很重要的一个工具就是商业养老金。

商业养老金

2022 年，随着第三支柱个人养老金政策的落地，中国银保监会发布了《关于开展养老保险公司商业养老金业务试点的通知》，在 10 个省市由 4 家养老保险公司进行商业养老金业务试点，后续也会逐渐全面放开。

第三支柱的个人养老金每年只有 12 000 元的额度，而且需要先参加基本养老保险才能够参加个人养老金业务，这就导致了一些人觉得额度不够，还有一些人没有资格参加。而商业养老金是对个人养老金的一种补充，不需要准入条件，也没有额度限制，是一种广义上的、更加开放的第三支柱养老金储备工具。商业养老金业务由养老保险公司为个人开立商业养老金账户，为参加者提供账户管理、养老规划、养老产品等服务。

只要是年满 18 岁的自然人，不受收入、职业、是否缴纳个人所得税、是否参加基本养老保险等限制，都可以自愿参加商业养老金服务，所以商业养老金是一项普惠的养老保险业务。想参加商业养老金业务也很简单，就像买保险一样，只需要通过开展商业养老金业务的养老保险公司，就可以按照引导开立商业养老金账户了，最低交费金额仅为100元。

"锁定+持续" 双账户

账户是个人养老金管理的基础，无论是第一支柱、第二支柱还是第三支柱，都有账户制度。商业养老金也不例外，而且采用的是"双账户"的管理模式。双账户包含了一个锁定养老子账户和一个持续养老子账户，锁定养老子账户用于管理长期养老储备，在退休前是不能提取资金的；持续养老子账户的资金具有一定的流动性，能够在保证养老积累的同时，兼顾教育、购房、赡养等阶段性用款需求。

- 锁定养老子账户：长期养老储备，锁定资金只进不出，退休后领取。
- 持续养老子账户：中期多元储备，满足阶段用款需求，可进可出。

我们可以自己决定存入资金在两个子账户之间的分配比例，如果自己不确定，养老保险公司也会针对投保人的年龄段提供配置比例的建议。

双账户的设置，也是商业养老金可以"一举两得"的基础，兼顾了积累期的理财需求和领取期的养老需求。无论是双账户的设置，还是多产品的供应，商业养老金都是专门针对个人补充养老而设计的，目的就是方便我们积累自己的养老金。

商业养老金产品的选择

商业养老金与个人养老金相似，在开立专用账户后，需要自主选择并购买相应的养老金产品，商业养老金产品在产品投资方向和产品形态上也与个人养老金产品非常相似。商业养老金产品包括目标日期商业养老金产品、固定收益类商业养老金产品以及流动性管理类商业养老金产品。

目标日期商业养老金产品是混合型养老金产品，与养老目标基金的目标日期类产品非常相似。这类产品名称中会有开始领取养老金的大致日期，如"2035""2040""2050"等。投资者根据自己开始领取养老金的期望时间或退休年龄，选择相应的产品即可。目标日期产品的底层资产包括固定收益类资产和权益类资产，早期会配置较多权益类资产以求提升收益，并会随着目标日期的临近逐步降低产品整体的风险收益水平，力求获取长期稳定的收益目标。

固定收益类商业养老金产品主要投资于固定收益类资产，与养老理财产品非常相似，但会比养老理财产品更具流动性。在持续养老子账户中投资的固定收益类商业养老金产品是支持赎回的，可以满足阶段性的理财需求。

流动性管理类商业养老金产品主要投资于货币类资产，是商业养老金中比较特殊的一类产品，与货币市场基金比较相似，公布净值的方式也是提供每日的万份收益。流动性管理类商业养老金产品为投资者提供的是零钱管理的工具，方便投资者在积累养老金的同时，也可以兼顾流动性资金的使用需求。

我们在投资时，可以采用每年或每月存入一定额度的资金进入商业养老金账户的模式，按照50%/40%/10%的比例分配与自己退休日期对应的目标日期商业养老金产品、固定收益类商业养老金产品和流动性管理商业养老金产品。例如，每年存入10万元，自己的退休日期在2040年，按照上述配置方式，可配置5万元的2040目标日期商业养老金产品，4万元的固定收益类商业养老金产品，以及1万元的流动性管理类商业养老金产品。当然，我们也可以根据自己的情况创造适合自己的组合。

第六章
稳健投资：
用时间换取
收益

尼罗河的歌声

从清晨到日暮，尼罗河畔总是响彻着动人的歌声，吟唱着古老而美丽的传说。顺流而下，在古埃及文明的摇篮中，让自己的灵魂来一场穿越千年的探索。

现金管理也有生财之道

在引言的"养老路上的四只拦路虎"这一个话题中，我们了解到通货膨胀是我们积攒养老金的第一只拦路虎，它会稀释我们养老金的购买力。我们需要不断地对养老金进行投资，通过投资收益来抵销通货膨胀带来的现金贬值。但我们手中总会有一部分现金，这些现金要么是以钞票的形式存在，要么是以活期存款的形式存在于银行账户或者支付宝、微信等第三方支付工具中。虽然现金的数量不会太多，但我们时刻不能离开常备现金，把时间拉长，这笔资金也会被通货膨胀"吃"掉不少价值。那么现金有办法增值吗？其实现金也是有生财之道的。

货币市场基金

如果要用一句话描述货币市场基金的特点，可以这样说：货币市场基金具有近似活期存款的流动性和媲美定期存款的收益。货币市场基金是如何做到兼顾两种优势的呢？不妨看一下货币市场基金的投资范围：首先包括银行存款、结算备付金等现金资产；其次包括同业存单、短期国债等在内的短期限债券类资产；最后还包括买入返售等其他金融资产。这些资产组合的收益率可以达到同期定期存款的收益率，在 2013 年资金紧张的时候，货币市场基金的 7 日年化收益率甚至突破 7%。由于货币市场基金投资的资产都有严格的久期限制，因此很容易变现。而货币市场基金本身又是开放式基金，每日可申购赎回，T + 1 日也就是第二天就能到账，如果有垫资服务，基本可以像活期存款一样实时到账。

1971 年，美国华尔街的两位金融顾问布鲁斯·本特（Bruce Bent）和亨利·布朗（Henry Brown）设立了一个特殊的共同基金——储蓄基金（Reserve Fund）。这只基金主要投资于货币市场工具，其目的在于替代银行储蓄存款。这是全球第一只货币市场基金。人们发现了这种新奇有趣的基金形式，虽然收益并不高，但风险低，而且流动性非常高，与其把钱存在银行的储蓄账户，不如投资于货币市场基金，这样的性价比更高。由于当时美联储通过 Q 条例对储蓄存款和定期存款利率设置了上限，导致短期国债收益率明显高于存款利率，货币市场基金因为收益可观而经历了一次飞速发展。1982 年，美国货币市场基金总规模达到 2 350 亿美元，第一次超过了股票型和债券型的共同基金。1982 年年末，美联储修订 Q 条例，货币市场基金在收益上的优势突然消失，导致基金总规模急剧下降。此后，美国证券交易委员会允许货币市场基金使用摊余成本法计算基金净值，货币市场基金就能够永久保持 1 美元的净值，而不受市场波动的影响，使其看上去更加安全可靠。1987 年，美国股票市场遭遇熊市，资金寻求避险，再度涌入货币市场基金，使货币市场基金又迎来了一次规模增长的高潮。

中国的第一只货币市场基金诞生于 2003 年。起初，货币市场基金的优势并没有被人们广泛发觉，直到 10 年后其被作为互联网金融的基本理财工具，并被赋予了快速赎回的超强流动性，才火遍全国。支付宝的余额宝、微信的零钱通，底层资产其实都是货币市场基金。货币市场基金以其兼具流动性、收益性和安全性的优势，成为中国公募基金市场上规模最大的一类基金。货币市场基金就好比中国的高铁，以其安全、快速的性能，在700千米/时的范围内秒杀了其他所有交通工具。

T+0 赎回

真正让货币市场基金变抢手的，其实是T+0赎回功能。什么是T+0？这是一个金融专业术语，金融行业把交易日当天表示为T日，交易日之后的第n个交易日就用T+n表示。因此，T+0就是T日当天，T+1就是T日的下一个交易日。正常情况下，在投资者发起货币市场基金的赎回动作后，T+1日可以收到赎回款。但通过金融创新，可以把T+1日到账，缩短到T+0日，甚至达到实时到账。别小看这一天，这一天就赋予了货币市场基金媲美活期存款的流动性。

举个例子，钱女士每月5日要交电费，每月10日要还信用卡，每月15日要交房租，每周末要去购物……钱女士需要准备一部分资金来应对这些生活开销。如果钱女士选择把这部分资金都买入货币市场基金，她就需要在每月4日、9日、14日和每周五都发起基金份额的赎回，才能保证自己资金的正常使用。如果钱女士使用现金或活期资金，她就可以不必进行烦琐的提前赎回操作，但是需要为此付出机会成本，牺牲原本可以通过货币市场基金赚取的收益。但是如果货币市场基金支持T+0赎回，投资者就可以在发起赎回时即时获得基金的赎回款。这是由于垫资方（通常为基金公司、互联网平台、银行或者银联）为投资者提前垫付了赎回资金，同时投资者把赎回过程中的基金份额转让或者质押给了垫资方，等T+1日基金完成赎回时，直接用于偿还垫资方垫付的资金。这样一来，钱女士就可以安心享受货币市场基金的收益，不必再提前一天赎回基金份额，在任何使用现金的时候，随时选择快速赎回基金份额就可以了。

T+0赎回功能，使得货币市场基金获得了几乎等同于现金的流动性。2018年起，监管机构出于对系统性风险的考虑，对货币市场基金的T+0快速赎回服务限定了每日1万元的最高额度。这就好比高铁的最高时速在450千米左右，但为了安全行驶，铁路公司对高铁进行了300千米/时的限速。1万元的额度应付零星的日常开销，在大部分情况下是足够的。

货币类理财工具

与货币市场基金相似，银行理财产品、养老保险公司的商业养老金产品、证券公司的集合资产管理计划，其实都有与货币市场基金投向相似、收益相似、流动性相似的金融产品，这类产品被统称为货币类理财工具。我们可以任意选择一款方便自己使用的货币类理财工具进行日常的现金管理。

看万份收益还是7日年化收益率

在购买货币市场基金或其他货币类理财工具的时候，会经常看到两个指标，一个叫万份收益，一个叫7日年化收益率。这两个指标应该看哪个呢？

其实该看哪个指标，要取决于我们的目的。万份收益是每天持有货币市场基金所产生的实实在在的到手收益，7日年化收益率是测算出来的近7日平均收益率。如果要查看已持有货币市场基金的盈亏情况，应该看万份收益，它代表了每一万份货币市场基金每日赚了多少钱。比如一只货币市场基金的万份收益是1.0416元，就代表当天每一万份货币市场基金实现了1.0416元收益，如果持有20万份的货币市场基金，当日获得的收益就是20.83元。

如果还没有购买货币市场基金，希望选择一只收益较高的产品来购买，则应该参考7日年化收益率。因为在摊余成本法下，万份收益的波动比较大，有可能因为货币市场基金的基金经理当天出售了一只市场价格较高的债券，导致当日实际收益突然提高。虽然当日拿到手的收益很不错，但并不代表这只基金每天都能有这么高的万份收益，所以万份收益对于选基而言是没有太大参考价值的。7日年化收益率其实是把过去7天的万份收益进行平滑，算法很简单：

7日年化收益率 = （过去7天万份收益总和÷7）×365÷10 000

7日年化收益率还便于我们将货币市场基金与其他产品的收益进行横向比较，如果A货币基金的7日年化收益率是2.362%，当日万份收益是0.649元；而B货币基金的7日年化收益率是1.833%，当日万份收益是0.717元；该选哪个呢？我们应该选择7日年化收益率更高的那一只，因为万份收益只是当日实际的收益，而7日年化收益率是过去7天基金的平均收益，更能反映基金的整体收益能力。所以，记住一个口诀：持有看万份，选基看7日，就不会错了。

用货币类理财工具进行现金管理

货币类理财工具叠加T+0赎回，能够很好地替代现金，同时还能获得一份远高于活期存款的收益率。我们可以使用货币类理财工具进行现金管理。日积月累，这个简单的操作，能够为我们创造不少价值。假如不使用货币市场工具，而是随时备着1万元现金，那么一年的活期利息只有30多元钱，如果是从银行取出来的纸币，更是1分钱利息都没有。但如果置换成货币类理财工具，按照2%的年化收益率测算，一年的收益是200元钱。养老是个长达数十年的长期工程，如果一直坚持下来，能获得上万元的收益，足够我们来一次夕阳之旅了，何乐而不为呢？

时间换钱的固定收益

载明了预定收益的金融资产，就是固定收益类资产。比如定期存款和大多数债券都要规定一个固定不变的利率，优先股也会规定一个固定不变的股息率。投资于这类资产，就是固定收益投资。固定收益投资者可以不用担心自己的收益会受到央行降息、发行债券或优先股的公司经营业绩不佳的影响，只要不出现意外情况，持有到资产约定的期限，确定的收益就能够兑现。所以，固定收益，可以理解为用时间换取确定的收益。

固定收益类资产的特点是收益的确定性。因此，也成为稳健型金融产品的主要投资标的。当然，各类养老金融产品，也是以固定收益类资产为主要投资对象的，比如社保基金、企业年金和职业年金、养老理财等。我们自己进行第三支柱的储备，也可以优先选择固定收益类资产进行投资。

那固定收益类资产一定稳赚不赔吗？其实在两种情况下，固定收益类资产也可能会遭遇损失。一种情况是受到市场影响，固定收益类资产的价格可能产生波动。比如，我们持有一只期限为3年、年化收益率为4%的债券，在持有的第2年，央行加息了。这时，市场上再发行同类的债券，收益率就要提高了，不然债券就没有人买。当市场上同类债券的收益率提高到5%时，我们手上持有的票面利率为4%的债券就不吃香了。如果正好我们需要用钱，要卖掉手中尚未到期的4%的债券，就需要挂一个比较低的价格，不然买家为什么不直接买5%的新债呢？这时，我们手中的债券价格就下跌了。除了加减息，市场上还有一个指标，叫作10年期国债收益率，简称"十债"。如果十债收益率上行，其实就与加息的情况相同，人们对收益率的预期就会提高，所以新发行的债券收益率就会变高，我们手中持有的债券价格就会下跌；反之，如果十债收益率下行，我们手中持有的债券价格就会上涨。当然，只要我们不着急用钱，那么不管市场是涨还是跌，只要我们把4%的债券持有到期，还是能够拿回约定的收益的。所以债券的价格会随着到期日的临近不断地回归到其真实的价值。

还有一种情况，叫违约。比如定期存款到期，但是银行破产了，无法支付本金和利息。再比如，持有的债券到期，但是发行债券的公司没有钱来支付利息，甚至无法按时偿还本金，只能延期。这就是违约了。这是固定收益类资产面临的最严重的一种风险——信用风险。当然，这种概率是非常小的。我们只要分散投资，或者通过持有银行理财、债券型基金等固定收益类产品，就能够规避单一债券违约带来的影响，原理就是别把鸡蛋放在同一个篮子里。

固定收益类资产因为收益的确定性使其受到稳健投资者的偏爱，但请不要忽视固定收益投资的盈利能力。我们可以算一下，年化收益率为5%的固定收益类资产，在时间的加持下，盈利能力是多么巨大。如果本金是50万元，按照5%的年化收益率，第1年的收益是2.5万元，本息合计是52.5万元。利息滚入本金继续计息，第2年的收益是2.625万元，本息合计是55.125万元。如果时间拉长到30年，本息合计可以达到216万元，获息高达166万元，是本金的三倍多。这就是固定收益的魅力所在。这样的资产，是不是很适合用来积累养老金呢？

神奇的循环定期储蓄

在所有的养老金融产品中，银行定期储蓄存款是安全性最高、确定性最强的一种产品。但是定期储蓄存款的期限与收益率成正比，如果想要流动性，就会牺牲利息。于是，就会面临1年期定期储蓄的收益率太低，而3年期定期储蓄的期限又太长的尴尬局面。

有一种方法，可以在一定程度上兼顾流动性与收益率。这个方法其实非常简单，就是把定期存款拆分成多份，并按照一定的期限间隔，将每一份存入3年期的定期储蓄，这个方法叫作循环储蓄。

例如，我们一共希望存60万元的定期储蓄，我们如果直接将这60万元存成一笔3年期定期储蓄，那么在获取3年期定期储蓄利息的同时，也锁死了这60万元资金的流动性。如果我们在3年期间需要用到这60万元,只能提前支取,在这种情况下,只能获得活期存款利率,收益极少。

按照循环储蓄的方法,我们可以把60万元拆分为12份,每份5万元,每隔3个月存入一笔3年期定期储蓄,这样在3年后每3个月就有一笔5万元的3年期定期储蓄资金到期。相当于我们同时享受了每3个月5万元的流动性以及3年期定期储蓄的利率。后续如果有新增资金,也可按照这个模式不断滚存,这样就能得到一个3个月流动性以及3年期利率的储蓄循环。如果剔除买房等超大额资金需求,循环储蓄方式能够满足大多数情况的资金使用需求。

在开始循环储蓄时,存入第一笔3年定期储蓄资金,剩下的资金可以按照规划的拟存入日期倒排,先存入2年期、1年期的定期储蓄存款,等到期后转为3年定期存款,即可获得最大化的收益。

表6-1就是循环储蓄定期存款的一个例子,每隔3个月存入一份5万元的定期储蓄,这样既获得了一定的资金流动性,又享受了3.25%的3年期定期储蓄利息。

表6-1　循环储蓄定期存款示意

定期存款账号:000001 人民币3年期整存整取	
本金:	50 000.00
到期日:	2023-03-12
利率:	3.25%
本金:	50 000.00
到期日:	2023-06-10
利率:	3.25%

(续表)

定期存款账号：000001	
人民币3年期整存整取	

本金：	50 000.00
到期日：	2023-09-15
利率：	3.25%

本金：	50 000.00
到期日：	2023-12-09
利率：	3.25%

本金：	50 000.00
到期日：	2024-03-01
利率：	3.25%

本金：	50 000.00
到期日：	2024-06-02
利率：	3.25%

本金：	50 000.00
到期日：	2024-09-11
利率：	3.25%

本金：	50 000.00
到期日：	2024-12-10
利率：	3.25%

本金：	50 000.00
到期日：	2025-03-01
利率：	3.25%

本金：	50 000.00
到期日：	2025-06-09
利率：	3.25%

玩转银行理财

银行理财产品最早在中国市场出现于 2005 年，截至 2022 年年末全国银行理财产品规模约为 30 万亿元。短短十几年时间，银行理财产品的市场占有率超越了包括公募基金在内的所有其他资产管理产品，成为资产管理行业的领头羊。银行理财产品以风险等级为 R2 级的稳健理财产品占比最高，这类理财产品的底层资产也是以固定收益类资产为主。养老理财目前全部都是 R2 级，属于稳健型理财。

"底层资产"这个专业术语在本书里多次被提到，在金融专业领域也是一个高频词，其实它的意思非常简单，就是资金最终投向了什么资产。我们吃一道菜，这道菜最原始的食材是什么？是米、是白菜，还是猪肉，这些原料就是我们吃到的东西的"底层食材"。而金融的底层资产也一样，我们买的养老理财，通过理财产品投向某个资管计划，最终投向债券，那么债券就是养老理财的底层资产。

银行理财产品的风险等级

在选择银行理财产品的时候，每一款产品上都有 R2、R3 这样的标识，这是银行理财产品的风险标识，这个标识明确地告诉投资者每一款理财产品的风险等级。在投资者初次购买理财产品时，银行会给投资者做风险测评。银行的投资者风险测评是以调查问卷的形式完成的，问题主要涵盖以下几个范围。

- 投资者年龄。

- 家庭总资产。
- 投资经验。
- 风险承受能力。
- 计划投资期限。
- 投资目的。
- 对损失的焦虑程度。

通过对这些内容的评估，最终会生成投资者对应的风险等级，由低到高对应 R1~R5，分别代表谨慎型、稳健型、平衡型、进取型、激进型（见图 6-1 和表 6-2）。

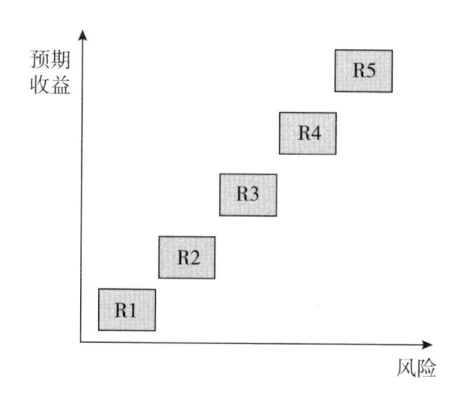

图 6-1　银行理财产品风险等级分布

表 6-2　R1~R5 的含义

投资者风险等级	风险类型	风险含义
R5	激进型	高风险
R4	进取型	中高风险
R3	平衡型	中风险
R2	稳健型	中低风险
R1	谨慎型	低风险

R1级理财产品保证本金完全偿付，产品主要投资于货币类资产以及高信用等级债券等低风险金融产品。R2级理财产品本金损失的风险相对较小，收益浮动但净值波动较小，投资方向主要是债券等固定收益类资产。R3级理财产品存在一定的本金风险和收益浮动，通常会在投资固定收益类产品的基础上，将一定比例（20%以内）的资产投资于可转换债券、股票等能够提高收益的资产。R4级理财产品本金损失的风险相对较大，收益浮动且净值波动较大，各类资产留出的投资比例空间相对较大，在投资过程中可根据市场情况进行灵活调整。R5级理财产品的本金损失的风险大，净值波动及盈利空间也很大，通常会以较大比例投资于权益类资产，如股票和金融衍生品，以获得较高的期望收益，同时可以对权益类资产施加一定的杠杆。

银行理财产品的分类

银行理财产品的分类基本与风险等级相适应，分为活钱管理、安稳理财、稳中求进、收益进阶和私行专享五类。部分银行的分类名称可能略有不同，但总体也是基于风险和流动性进行分级的。

- 活钱管理——R1级，货币市场工具，适用于零钱管理。
- 安稳理财——R2级，纯债固定收益，适用于保守稳健理财。
- 稳中求进——R3级，"固收+"策略，适用于适当提升收益。
- 收益进阶——R4级，"权益+固收"策略，适用于博取较高收益。

- 私行专享——R5 级，权益及杠杆策略，私募合格投资者专属。

除此以外，还可以以开放式、定期开放式和封闭式来区分银行理财产品。开放式大多是每天都可以申购赎回的产品，例如活钱管理就都是开放式的产品，流动性非常强，银行对1万元以内的赎回支持实时到账。定期开放式是在特定时间开放、其他时间封闭的产品，我们可以在开放的时段内申购和赎回产品，合理安排流动性。而封闭式产品就是一旦结束募集开始运作，在封闭运作期间是不能赎回的，主要投资于一些收益高但流动性较差的产品，直到产品到期才可以赎回。

银行理财产品的投资技巧

银行理财产品会展示"业绩比较基准""过去3个月收益率""理财产品净值"等信息，难免让人有些眼花缭乱。投资银行理财产品其实只需要明确两件事，即期限和风险。

首先需要明确的就是持有期限，这与我们投资银行理财产品的目的有关。如果是用于零钱理财，肯定首选 R1 级的活钱管理类理财产品，缴水电费、还信用卡，都是非常方便的。如果是用于资产增值，也需要评估对流动性的要求。如果一两年或三五年内要使用，就需要留意理财产品的期限是否符合我们的要求。如果是短期用不到的资金，或者可以理解为自己的养老钱，那么就可以进行长期配置。

具体配什么资产，需要叠加风险因素进行考虑。总体原则就是，期限越短的，建议选择的风险等级越低。比如一两年内要使用的资金，最好以 R2 级的理财产品为主，这样可以降低跌破净值的概率。三五年要使用的资金，可以逐步提升风险等级到 R3 级，运用"固收＋"策略提升收益，而时间也可以缓释风险。如果是更长期限的话，则可以进一步提升风险等级。

明确了期限和风险，即可对产品进行筛选。我们会发现，筛选出一家银行发行的某一特定期限（如 90 天）以及某一特定风险（如 R2 级）的产品，其实满足条件的只有 1～2 只或者数量很少的几只产品，这样也就很好选择了。有多只产品的，通常有的是申购日期不同，有的是起购金额不同，有的是管理人不同（一家银行可以代销多家银行理财公司的产品），在这些筛选出的产品中，我们再对比"业绩比较基准""过去 3 个月收益率""理财产品净值"这些信息，选择相对收益可能更高的产品即可。

实际上，在挑选理财产品上花费大量时间与精力，对比各家银行理财的收益，甚至有的投资者为了买到高收益的理财，不惜将资金反复在各家银行之间腾挪转移，其实是大可不必的。银行理财的管理者是理财公司（通常是银行的子公司），有时为了招徕客户，会把投资收益多分一些给客户，自己少收取一些管理费，所以理财产品的收益率就高一点；有的理财公司不愁客源，自己多留存一些管理费，所以理财产品的收益率会略低一些。但无论怎样，风险级别同为 R2 级的产品，收益率并不会相差多少。我们假设用 10 万元购买 3 个月的银行理财，A 银行的一款理财产品年化收益率为 3.35%，B 银行的另一款理财产品年化收益率为 3.50%，两者相差 15bps（基点）。整个投资期下来，两家银行的理财收益仅仅相差 37.5 元，不过一杯咖啡钱，值得我们大费周章吗？

第六章　稳健投资：用时间换取收益

银行理财会赔本吗

银行理财会赔本吗？在此不妨直接给出答案：会的。而且风险等级越高的银行理财产品，赔本的风险也越大。R3级的理财产品就涉及权益类资产，如股票，所以R3级的理财产品跌破净值也比较好理解，那么我们不妨把问题更加聚焦一些：R2级及以下的银行理财产品会赔本吗？答案仍然是：会的。

不过，并不必太过担心，R2级及以下的理财产品有可能出现阶段性跌破净值，但其实在绝大多数情况下，是不会赔本的。真正赔本的是小概率事件，不过也确实会偶尔发生。要理解为什么银行卖的自己的理财产品都会赔本，就要简单了解一下银行存款和理财产品的差异。

在金融圈子里有一组专业术语，叫表内业务和表外业务。这个"表"是指银行的资产负债表。计入资产负债表的业务，就是表内业务。反之，不计入资产负债表的业务，就是表外业务。客户存到银行的储蓄存款，要计入银行资产负债表的负债项目中，属于银行的表内业务，也就是说，银行对存款负有偿付责任，就算破产，也要赔干净最后一分钱来偿还负债。商业银行关乎民生，是不可能轻易破产的，因此存款是非常安全的。而理财产品呢，属于银行或者银行下属理财公司的资产管理业务，本质上是代客理财，提供的是专业投资服务，是一种表外业务。对于发生的亏损，银行是没有赔付责任的。所以，存款是银行的义务，理财是银行的服务，从责任意义上，银行对表内的储蓄存款负有保本偿付的责任，但对表外的理财业务不负有保本偿付的责任。

再来看看不同风险等级的银行理财产品赔本的可能性。从理财产品的底层资产上看，R1 级理财投的是货币类资产，虽然理论上存在亏损的可能性，但把投资期限拉长到 7 天以上，基本没有发生过亏损。所以 R1 级的理财其实安全性非常高。

R2 级的理财，遇到债券价格下跌时，就会有净值下跌的风险，如果累积的收益不够多，就有可能跌破净值。但这种概率其实也不大，因为一只理财产品的投资是非常分散的，一只持仓债券的下跌其实很难导致一只理财产品跌破净值。但是出现债券市场整体波动以及系统性风险时，就另当别论了。2022 年 11 月—12 月就曾出现过一次债券市场的大规模杀跌，当时大量 R2 级的银行理财产品出现了跌破净值的现象。在这种情况下赎回，是会导致理财产品赔本的。那么这时该如何应对呢？其实也很简单，债券与股票不同，只要持有到期，如果债券不发生违约，就会按照票面利率兑付本金和利息，所以当债券接近到期日时，其价格也会回归票面利率。那么，我们只要一直持有就可以了，理财产品本身投资了很多只债券，这些产品的价格都会随着时间慢慢回归其真实价值，理财产品的净值也会被不断"修正"。尤其是对于用于养老投资的长期资金，面临净值的波动，是完全不必进行频繁操作的。

R3~R5 级的理财产品，因为随着风险等级的提高，加入的权益类资产也变多了，自然出现亏损的概率也越来越大，跌破净值其实也是家常便饭。当然，我们用风险换来的是更高的收益空间，在资本市场表现比较好的时间里，R3~R5 级理财的收益也是非常可观的。

长短投皆宜的债券型基金

如果我们偏好保守稳健的投资策略，除了 R2 级的理财，其实债券型公募证券投资基金也是不错的选择。有时候，债券型基金甚至能获得比银行理财更优异的业绩，而且开放式基金还拥有随时赎回、T+2到账的流动性。

债券型基金的分类

债券型基金是基金资产80%以上投资于债券的基金。债券型基金的投资对象主要是国债、金融债和企业债。债券型基金按照投资标的可以分为仅投资债券市场的纯债基金、可以投资股票一级市场和可转换债券（简称"可转债"）的一级债，以及可以投资股票二级市场的二级债。债券型基金按投资久期策略的不同可以分为长债、中债、短债、超短债等类型。还能够按照所投资的债券类型不同分为利率债基金和信用债基金。

其实以上这些饶舌的债券型基金分类可以统统忽略，我们简单地通过看债券型基金里是否含有股票而把债券型基金分为纯债基金和增强债基金，纯债基金是100%投资于债券的基金，风险评级一般在R2级，也就是纯粹的固定收益类，属于中低风险。加入20%以内比例可转债、股票等投资标的的债券型基金就是增强债基金，风险评级一般在R3级，这种产品属于"固收+"类别，属于中等风险。

债券型基金的遴选

投资债券型基金与银行理财产品不同的是，银行理财基本不需要我们做太多选择，只要期限、风险合适，直接购买即可。各家银行之间同风险级别、同期限的理财产品收益率通常相差不会太大。但债券型基金就不同了，优秀的基金和糟糕的基金在收益、风险、波动等方面差的不是一点点，还是需要好好遴选一下的。如果投资经验比较少，那么直接买银行理财产品比较合适，如果有一些基金产品的投资经验，则可以考虑选择债券型基金。

选择债券型基金其实比选择股票型基金简单很多，我们只要看三个指标：历史业绩、波动性、基金规模。

第一看历史业绩。债券不像股票，不存在行业轮动，操盘债券靠的是对宏观市场的把握、对政策的理解、对交易规则的专业性以及丰富的经验，如果债券型基金经理的专业能力强，那么旗下操盘的产品通常会持续表现优秀。我们选择历史业绩好的债券型基金，未来持续保持业绩优异的可能性更大。

第二看波动性。债券型基金波动性太大并不是什么好事，波动性太大往往意味着更高的风险。我们选择债券型基金，而不是混合型和股票型基金，本身就是在规避风险，因此可以尽量选择历史波动比较小的债券型基金。波动性小的基金，对于赎回基金也会相对友好一些，不用过多考虑净值下跌造成的损失。

怎么看基金的波动性呢？其实非常简单，肉眼即可直接比较不同基金的波动率。无论我们在什么平台购买基金，都能够看到基金净值的走势图。基金净值的走势越趋于平缓上升，波动率就越小。基金净值的走势如果上下波动较大，那么波动率就较大。我们比较一下图6-2中的A基金和B基金，同样是1年期的净值走势，很显然，A基金的波动率要比B基金小。如果想用更专业的方法判定基金的业绩表现，也可以看看基金的夏普比率（Sharpe Ratio），这个指标测算的是基金多承受一份风险所能换来的预期收益，是一个边际增量。夏普比率越高，说明每一份风险所换来的预期收益也越大，基金就越值得持有。

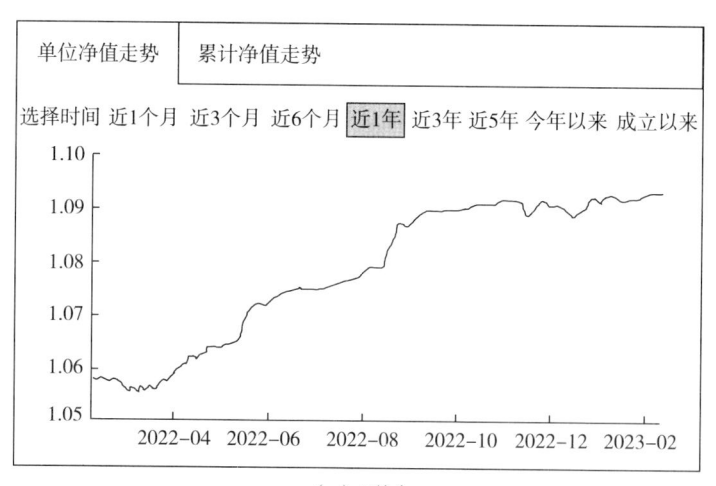

（a）A基金

（b）B基金

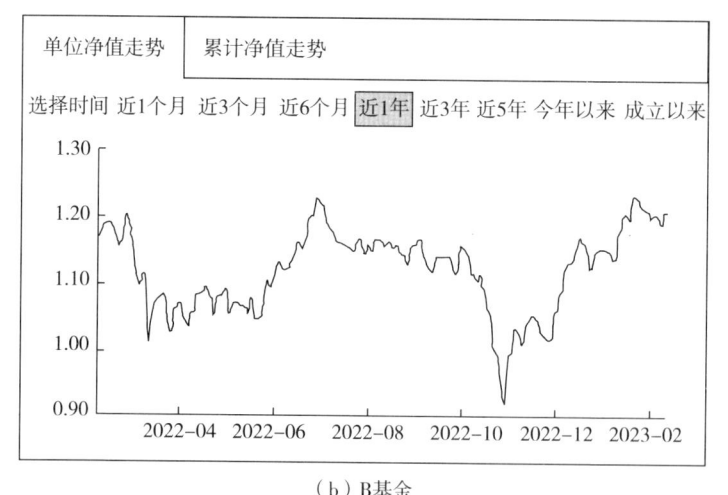

图6-2 基金净值走势

第三看基金规模。在很多销售基金的平台上都能够查看到基金的相关信息，其中有一项就叫作基金规模。我们可以尽量选择基金规模为2亿~30亿元的债券型基金。这是因为，如果基金规模过小，是不利于分散投资的，持有的债券过于集中，风险自然就会提高。2亿元是公募证券投资基金的成立门槛，低于2亿元就属于迷你基金了，如果进一步萎缩至5 000万元以下，就会有被清盘的风险。而基金规模太大，管理成本就会增加，30亿元以上的基金就像一艘十万吨级以上的大型游轮，遇到大风浪时想掉头显然是没有小船快的。盘子太大的基金遇到市场波动，调整策略或者降低仓位的压力是非常大的。因此选择规模适中的债券型基金，是有助于收益提升的。

特色债券型基金

有两种债券型基金非常有特色，也是非常适合作为养老金的资产配置的：一是利率债基金，二是可转债基金。

利率债基金的特点是风险低。利率债主要配置于国债、地方政府债券、政策性金融债和央行票据。与信用债相比，基金经理在投资利率债时，基本不会考虑信用违约风险，更多会考虑久期配置。信用债的波动比利率债要大很多，而大多数债券型基金也是以信用债为主要投资标的的。利率债在获取安全性的同时，也牺牲了一定的收益空间。对于极度风险厌恶的投资者，尤其是对于容不得养老金有任何闪失的人，利率债基金是非常好的选择。专门投资于利率债的基金通常会在基金名称上标识"利率债"，选这样的基金进行投资就可以了。

可转债基金是主要投资可转换债券的基金。由于可转债可以在转换期内由债券转换为股票，也可以直接在市场上出售可转债变现，还可以选择持有债券到期以收取本金和利息，所以可转债基金的操作空间是比较大的，加上专业基金经理的判断，因此算是一种可攻可守的基金。这种基金其实含有一定的权益属性，但投资标的本身又属于债券的范畴，虽然波动性可能高于普通债券型基金，但只要是权益市场表现尚可，可转债基金的收益能力在债券型基金中就算是"天花板"级别了。对于喜欢稳健投资，又不甘于只获得固定收益利息的投资者，以可转债基金作为养老金配置的一部分，会是很好的选择。与利率债类似，投资于可转债的基金通常会在基金名称上标识"可转债"，选这样的基金进行投资就可以了。

时髦的"固收+"策略

固定收益类资产的低波动率与稳健回报使其受到了很多投资者的青睐，成为养老金投资配置最多的资产。而"固收+"作为一种传统的投资策略，因其不错的实用性而时髦起来。

"固收+"是以固定收益为主要投资资产来获取基础收益，加上适度比例的高回报资产进行收益增强，寻求在总体控制风险的前提下追求长期稳健回报。"+"的部分可以投资于风险较高的权益类资产、另类资产，也可以采取新股申购（也称"打新"）、对冲等策略，用于提升整个投资组合的收益。

- 固收+权益：以股票等权益类资产提升投资组合的收益空间。
- 固收+另类资产：以私募、不动产、非标债权等另类资产提升投资组合的收益空间。
- 固收+打新：以新股申购策略提升投资组合的收益空间。
- 固收+对冲：以对冲策略提升投资组合的收益空间。

不过，看似能够增强收益的"固收+"策略，如果操作不当，很可能沦为"固收-"。因为"+"的部分是高风险资产，一旦这部分资产发生亏损的额度超过了固定收益获取的基本收益，投资组合就会出现整体亏损。举个例子，一款 80% 固定收益 + 20% 股票的"固收+"策略 R3 级理财产品，固定收益部分的整体收益率为 5%，而股票因市场原因发生了亏损，亏损幅度达到 50%，这时整个产品的总体收益为：

$$80\% \times 5\% + 20\% \times (-50\%) = -6\%$$

尽管有 80% 的固定收益作为基础，但产品仍发生了 6% 的亏损，净值为 0.94 元。这时候，投资者肯定是大为不满的。为了避免这种情况发生，有一种投资策略出现了，就是固定比例投资组合保险（Constant Proportion Portfolio Insurance，简写为 CPPI）。

CPPI 策略是一个典型的绝对收益策略。这个策略把投资组合分为保本资产和风险资产两类，保本资产是投资组合的风险底线，比如对于严格要求保本的投资者，保本资产就是全部委托资产的本金；而风险资产则是用于博取收益的那一部分资产。举个例子，委托资产是 1 亿元，在绝对收益的框架下，要求本金不能出现亏损，那么依据 CPPI 策略，可以把 1 亿元本金拆分为保本资产和风险资产两个部分进行投资。假设当时市场的无风险年化收益率为 4.16%，则可将 1 亿元本金中的 9 600 万元作为保本资产，全部投资于无风险资产，那么在未来一年的时间预期将获得约 400 万元的收益（9 600 万元 ×4.16%）。同时，将本金中的 400 万元作为风险资产全部投资于股票等风险资产和预期收益率相对较高的资产，并采取一定的杠杆策略，以放大收益的倍数。在一年之后，最恶劣的情况是 400 万元的风险资产全部损失，而 9 600 万元的保本资产赚取了 400 万元的收益，最终的本金收益合计为 1 亿元，相当于本金并没有任何损失，总体投资收益率为零。而比较理想的情况是，400 万元的风险资产实现了 150% 的投资收益，即获得了 600 万元的收益，同时 9 600 万元的保本资产又赚取了 400 万元收益，整个投资组合的收益就变成 1 000 万元，投资组合的整体收益率就达到了 10%。

CPPI 策略的合理运用，能够使资产在极端情况下保住本金不受损失，同时又能在风险资产投资获利的情况下放大投资组合的收益。其实很多养老金的投资都使用了 CPPI 策略。如果我们感兴趣，也可以对自己的个人养老金采取 CPPI 策略进行投资。

总结一下，如果不甘于纯债类产品平庸的收益，可以选择"固收+"产品来获取一份增强收益的可能性。如果惧怕市场波动造成"固收+"产品的亏损，则可以选择采用了 CPPI 等策略保本的产品，为自己的投资增加一份保障。

第七章
权益投资:
分享经济
增长的红利

荷兰阿姆斯特丹风光

时间可以改变很多事情。荷兰是世界上第一个资本主义国家，也是欧洲曾经的海上霸主，曾以其犀利的铁炮火铳与英法分庭抗礼。 然而几百年后，这个曾经的"海上马车夫"化身为风车之国，悠然地吹拂着遍野的郁金香和成群的牛羊。

让人又爱又恨的权益类资产

权益类资产是通过股权投资而享有股息收益权的资产，包括股票、权证等。权益这个名称，来源于证券持有人对发行证券的公司在偿付债务后的收益进行分配的收益索取权，以及对公司经营决策的投票权。简单理解，固定收益类资产就是只有固定利息收益的资产，比如债券；权益类资产就是含有经营决策权并可分享收益的资产，比如股票。

权益类资产的收益与所投资主体经营情况密切相关，被投企业利润高，分红可能就多，股票的市场价格通常也会上涨，持有或卖出资产所获的收益就多。而固定收益类资产的收益通常不会受到企业经营业绩的影响，无论企业经营好坏，都是按照固定的利率支付收益。

股票对很多人来说，可谓几多欢喜几多愁。其实就在 20 年前，整个资产管理行业在中国都还处于萌芽阶段，基金、银行理财、信托等理财产品都尚未普及，人们理财的工具基本上只有银行存款、国债和股票。存款和国债属于固定收益类产品，股票几乎成了老百姓能参与的唯一权益类产品。后来，公募证券投资基金的出现让更多的投资者开启了权益投资。无论是股票还是权益类公募基金，都是以高风险博取高回报的工具。

对于权益类资产是否适合养老，不同的人持有不同看法。有人认为权益类资产风险过高，不适于养老金进行大量配置；但也有人认为，权益类资产是养老金资产配置中收益能力最强的资产，由于养老金的配置期限长，因此最适合配置股票和基金等权益类资产，通过时间可以抵御和消化市场波动的风险。

无论我们平时有多么厌恶风险，但当牛市来临时，很多人是难以抵挡高收益的诱惑的。那么不妨来了解一下，股票市场的牛熊，到底和哪些因素相关。

第一，宏观经济情况。经济运行的情况与股票指数相关。当宏观经济情况良好时，企业会扩张生产，从而带动就业人数和员工工资的增加，人们手上有钱了就会扩大消费和投资，消费会进一步促进企业的销售与效益提升，而企业的分红也会促进投资，推动股票价格上涨，如果能够形成良性循环，便会出现牛市行情。那么怎么判断宏观经济情况的好坏呢？具体可以关注三个重要指标：国内生产总值（GDP）、消费者物价指数（CPI）和就业率。股票分析师会经常用这三个指标来预测未来股市的走向，乐观的GDP预期或者温和可控的CPI都是促进股票指数上涨的因素，而悲观的GDP预期、过高的CPI以及失业率的上升都可能引起股票指数下跌。

第二，货币政策和财政政策。货币政策、财政政策以及各个行业的相关政策都会影响股票价格。宽松的货币政策和积极的财政政策会推动股票指数上涨，包括央行通过公开市场操作以及再贴现释放流动性、降息、降准、减税、增加政府支出等。道理很简单，股市就像一个大池子，钱就像水一样，池子里的水多了，水位就会上涨。反之，紧缩的货币政策和消极的财政政策会导致股票指数下跌，比如收紧流动性、加息、发行国债等。

第三，股票发行公司的经营情况。股票发行公司的经营情况是决定个股价格的核心因素。公司财务状况、综合品牌、市场地位、产品竞争力、经营管理情况、科技研发实力等因素都会对股价产生深刻的影响。

此外，国际股票市场、国际政治局势、股票行业的景气程度都会在一定程度上影响股票价格。所以，在股票市场中赚钱其实并不容易，如果没有专业知识和多年的经验，最好不要直接把养老钱投到股市中。但是，我们仍然可以通过基金等金融工具，间接参与权益类资产的投资，来增加我们的养老金收益。

基金比股票更适合养老金配置

比起自己投资，把养老金交给专业机构打理，可能更加简单，也能获得更为科学和专业的管理。

随着资本市场趋于成熟，股票市场的机构投资者不断增加，相比散户，机构投资者具有资金量大、专业化、信息获取更全面、风控手段更严格等优势，成为股票市场的主力。而个人投资者在股市中所占的资金比例却在不断萎缩。这一规律与美国股市投资者结构的变化历程完全相同。在1950年的美国股市中，散户的资金量超过了90%。随着市场的发展，养老金、共同基金、保险资金等各类机构资金不断壮大，美国市场出现了明显的"去散户化"趋势。2005年美国股市的散户资金量占比已经低于30%，2015年这一比例进一步下降至20%左右。

个人投资者占比减少的主要原因是专业资产管理机构的出现给

个人投资者提供了新的投资选择，当专业机构的优势开始显现时，把钱交给专业的人去做股票投资就成为一种更理性的选择。而且，随着机构投资者占比的增加，个人投资者发现直接投资股票越来越难赚到钱。就像20世纪80年代中国相对富裕的家庭通常都会有一台缝纫机用于自己做衣服，然而随着工业化时代制衣的普及，缝纫机很快就从家庭中消失了，因为直接买的成衣不仅便宜，款式和舒适度也更具优势。这也是经济学鼻祖亚当·斯密在《国富论》中提出的劳动分工对提高劳动生产率和增进国民财富所产生的巨大作用。

对于权益类资产投资，最为公众所熟知的金融产品就是公募证券投资基金。股票型和混合型基金都属于权益类基金，主要投资标的也是股票。持有基金，相当于间接持有股票。不同的是，基金经理已经在股票的选择上进行了一次专业筛选。我们买基金，不需要花时间和精力去钻研每一只股票，而是把资金交给基金经理帮助我们进行投资。无论是第一支柱背后的社保基金，还是第二支柱的企业年金和职业年金，都有很大一部分资产是投资于公募基金的。第三支柱个人养老金的养老目标基金，更是以FOF的形式进行设计的。可见对于养老金的投资，其实是高度依赖公募基金的。无论是从专业投资的角度，还是从风险分散的角度，基金都比股票更适合进行养老金配置。

和巧克力一样的公募基金分类

如果我们自己想为养老金投资配置公募基金，首先要了解清楚基金的分类。公募基金的分类有很多种，很多基金公司和理财经理在介绍基金产品时，会提到各种各样的基金名词，比如成长型基金、契约型基金、二级债基金、短债基金、配置型基金,这些基金究竟是以什么标准进行分类的?有时候投资者可能会摸不着头脑。

其实完全不必为公募基金琳琅满目的分类而困惑,我们只需要了解基金的基本种类。基金的基本种类划分非常简单,就像巧克力的分类一样。依照《巧克力及巧克力制品、代可可脂巧克力及代可可脂巧克力制品》(GB/T 19343),总可可固形物≥30%的就是黑巧克力,很苦但很香醇;总可可固形物≥25%,同时总乳固体≥12%的就是牛奶巧克力,丝滑可口;可可脂≥20%,同时总乳固体≥14%的就是白巧克力,甜香宜人。基金分类也是按照基金投资各类资产的比例进行划分的,标准如下。

(一)百分之八十以上的基金资产投资于股票的,为股票基金;

(二)百分之八十以上的基金资产投资于债券的,为债券基金;

(三)仅投资于货币市场工具的,为货币市场基金;

(四)百分之八十以上的基金资产投资于其他基金份额的,为基金中基金;

(五)投资于股票、债券、货币市场工具或其他基金份额,并且股票投资、债券投资、基金投资的比例不符合第(一)项、第(二)项、第(四)项规定的,为混合基金。

(六)中国证监会规定的其他基金类别。

——《公开募集证券投资基金运作管理办法》第四章第三十条

80%以上的基金资产投资于股票的基金就是股票型基金,股票型基金在公募基金中属于预期收益和风险都在最高级别的基金。股票型基金会根据投资风格细分为"价值""成长""平衡"三类,主要投资于价格被低估的股票的基金叫作价值型股票基金,主要投资于发展前景比较好、利润增长迅速的股票的基金叫作成长型股票基金,一部分投资价值股、一部分投资成长股的基金叫作平衡型股票基金。其实这种细分并不重要,大致了解其意思即可。

80%以上的基金资产投资于债券的基金就是债券型基金。债券型基金的投资对象主要是国债、金融债和企业债。债券型基金按照投资标的可以细分为仅投资债券市场的纯债基金、可以投资股票一级市场和可转债的一级债,以及可以投资股票二级市场的二级债。债券型基金按投资久期策略的不同可以分为长债、中债、短债、超短债等类型。还能够按照所投资的债券类型不同分为利率债基金和信用债基金。其实以上这些饶舌的债券基金分类我们可以统统忽略,只简单地通过看债券基金里是否含有股票而把债券基金分为纯债基金和增强债基金。纯债基金是100%投资于债券的基金,风险评级为R2级,也就是前面提到过的固定收益类别;加入20%以内比例可转债、股票等投资标的的债券基金就是增强债基金,风险评级为R3级,也就是前面提到过的"固收+"类别。

货币市场基金仅投资于货币市场工具,适用于现金管理。FOF是80%以上的基金资产投资于其他基金的基金,前面也提到了,养老目标基金就采用了FOF的形式,这种产品形式相当于做了两道风险分散,很适合养老金投资配置。

混合型基金可以理解为介于股票型与债券型基金之间的一种投资相对灵活的基金。根据混合型基金对股票与债券的投资比例和投资策略的不同，又可以分为偏股型基金、偏债型基金、配置型基金等类别。由于混合型基金对比例的要求最为灵活，所以是最考验基金经理投资能力的一种基金。好的混合型基金经理，能够通过优秀的择时能力和选股能力，使自己管理的基金业绩跑赢指数，甚至在一定程度上为投资者实现绝对收益。

定量和定性遴选公募基金

中国证券投资基金业协会发布的数据显示，2022年年末我国公募基金数量已经超过1万只，甚至超过A股市场的股票数量。我们无论是进行养老金配置还是阶段性理财投资，该如何从上万只基金中选择出优质的基金呢？其实也很简单，我们可以采用定量和定性结合的方法来做公募基金的遴选。

定量的方法，我们首选分位法。因为公募基金是讲究业绩排名的，基金经理的考核基本也是以他们管理基金的市场排名作为主要依据。分位法是依据基金净值大数据，将同类型的公募基金放在一组，对业绩进行阶梯性比较，每25%为一个分位，将基金的业绩定位在优秀、良好、一般、不佳这四个分位中的一个，以便迅速了解基金在同类产品中的排名位次。基金的分位排名在基金销售平台以及万得资讯、天天基金等网站都能够查询得到。我们打开一只基金的业绩界面会看到如图7-1所示的数据。

(a) A基金

	近1周	近1个月	近3个月	近6个月	今年以来	近1年	近2年	近3年
阶段涨幅（%）	1.33	-4.00	1.33	7.84	-3.01	-2.10	-14.12	-12.33
同类平均（%）	4.29	2.47	10.25	17.34	5.01	32.90	24.39	32.65
沪深300（%）	1.54	-5.81	1.54	8.02	-3.34	16.57	0.62	15.24
同类排名	2 183|3 186	2 909|3 189	2 827|3 140	2 130|3 042	3 014|3 187	2 812|2 828	2 439|2 469	1 910|1 957
四分位排名	一般	不佳	不佳	一般	不佳	不佳	不佳	不佳

(b) B基金

	近1周	近1个月	近3个月	近6个月	今年以来	近1年	近2年	近3年
阶段涨幅（%）	5.74	19.94	48.42	89.57	33.42	135.00	111.07	145.45
同类平均（%）	4.29	2.47	10.25	17.34	5.01	32.90	24.39	32.65
沪深300（%）	1.54	-5.81	1.54	8.02	-3.34	16.57	0.62	15.24
同类排名	303|3 186	5|3 189	7|3 140	5|3 042	5|3 187	3|2 828	8|2 469	8|1 957
四分位排名	优秀	优秀	优秀	优秀	优秀	优秀	优秀	优秀

图7-1 基金的分位法排名结果

很容易看出，A 基金除了在近 1 周和近 6 个月的表现为"一般"，在其他时间段的表现都是"不佳"，显然 A 基金并不具备投资价值。而 B 基金在所有时间段的表现都是"优秀"，显然是极具投资价值的，那么 B 基金就可以被筛选出来，作为我们投资备选的产品。

在使用分位法选择基金时，其实无须关注太多的时间段，推荐关注 4 个时间段，分别是近 3 个月、近 6 个月、近 1 年和近 3 年。选出这 4 个时间段表现都为"优秀"或者都处在前 1/4 分位的基金，将它们放入备选池。成立时间不足 3 年的基金可以看近 2 年的业绩分位。但基金存续时间少于 1 年是很难判断其长期业绩表现的，建议谨慎选择。

用定量的方法可以选出一些在短中长期业绩都表现不错的基金，这时候就可以用定性的方法进行第二轮筛选。定性的方法是对基金的三个要素进行筛选评测。

第一个要素是管理基金的基金经理。基金经理需要满足以下三个条件。一是从业年限在 7 年以上，10 年以上为最佳。基金经理的从业年限代表着投资经验，因此从业年限是一个重要指标。二是基金经理应经历过至少一轮完整的熊牛市，这种经历有助于其在各种复杂的市场环境下做出准确的判断。三是基金经理在过去 5 年内供职的基金公司数量不能超过两家，即 5 年内跳槽不超过一次。频繁跳槽也代表了基金经理的投资管理或其他方面存在问题，一次跳槽属于正常现象，但两次以上很可能是自身问题。

第二个要素是所选的基金产品规模。基金的规模要满足"适中原则"，下限不低于 2 亿元，前文提到过，基金规模持续在 5 000 万元以下将面临清盘风险。而基金的上限最好不超过 30 亿元（指数基金除外），有句话叫"船小好掉头"，规模过于庞大的基金并不利于主动投资管理，尤其在面对市场突发情况时，难以迅速调整投资方向。

第三个要素是基金公司。基金公司未必规模越大就越好，但大型基金公司的管理和风控机制一般会更加完善。如果基金公司管理资产规模过小，则管理层有可能会花更多的精力在公司的生存上。尤其是对于养老金而言，成熟的品牌是养老金的重要保障。因此，所投产品的基金公司有效管理资产规模应该至少为100亿元。每年公募基金都会有公开数据统计公募基金管理的总规模和有效管理规模，有效管理规模是剔除货币市场基金的规模。

结合定量法和定性法选出来的基金，数量其实就没有多少了，再从其中进行最终的选择就会变得简单很多，或者可以将资金分散于多只基金进行投资。如果实在懒得选，直接投资于FOF也是不错的选择，尤其是养老目标基金，就是专为养老金投资而生的。

在我们真正进行投资的时候，可能会遇到这样一个问题：同样是目标日期为2045年的养老目标基金，有的产品累计收益率是10.76%，有的是4.66%，还有的是1.38%，是不是买10.76%的就对了呢？说实话，这个问题很难回答。过去业绩好的产品，未来业绩未必会一直好；过去业绩不好的，未来业绩也未必持续差。基金产品的业绩就像是一场马拉松比赛，我们不知道谁会是最终的第一。选10.76%的产品，只是基于选手过往成绩而对未来比赛结果的预测。我们需要搞清楚的一点是，我们到底是要从基金里选一个"冠军"，还是要攒一笔养老金给自己养老？如果我们的目的是攒钱养老，只要产品能够实现保值增值，达到一定的收益，就能够满足我们的目标。其实从长时间来看，产品业绩表现确实有差别，但只要能实现一定的收益，就都能达到目的。如果一定想选出最好的产品，或者说一定要在若干名同场竞技的运动员中选出冠军，那么我们可以这样操作：如果所有参赛选手中有三位运动员曾经在之前的赛事中拿过冠军，那就把他们都选中。这次比赛的冠军，大概率会从这三位运动员中诞生，而且他们三位的综合成绩大概率是比赛中最好的。所以，将资金分散配置到历史业绩较好的产品中，大概率是可以获得一个相对较好的预期收益的。

懒人福利之指数基金

如果我们希望充分利用权益类基金来获得更多的收益，其实除了养老目标基金，还有一类基金能够更好地发挥博取收益的作用，同时又不用做太多的功课，那就是指数基金。

指数基金是以某一指数的成分股为投资标的的基金，基金通过购买该指数的全部或部分成分股构建投资组合，达到追踪或复制目标指数表现的目的。比如沪深300指数基金，就会把沪深300的成分股装进这只基金，这只基金会跟随沪深300的价格波动而波动。买这只指数基金，就相当于买了构成沪深300的所有股票。如果是ETF指数基金，还可以使用指数基金份额和成分股进行互换。

指数基金有两个突出特点：被动管理和费用低廉。首先，指数基金是被动基金，这是相对于那些由基金经理操盘的主动管理基金而言的。经常有投资者会嫌一些主动基金涨的时候不如大盘涨得快，而跌的时候却比大盘还要多。发生这种情况，基金经理的能力确实该受到质疑了。但是选择指数基金,将不会再为基金经理的个人能力而买单,因为我们买的是整个市场。其次,指数基金的费用较低,尤其是 ETF 指数基金,管理费、托管费都相当于普通股票基金的 1/3 左右。

指数基金既然是跟踪指数的,那么我们在投资时,就需要了解基金跟踪的是什么指数。指数有三个种类,包括综合指数、宽基指数和窄基指数(见图 7-2)。综合指数涵盖了一个市场的所有股票,用于反映全市场的整体情况,比如上证综合指数。套用美国证券期货监管机构规定的标准,宽基指数是指含有 10 只或更多只股,单只成分股权重不超过 30%,权重最大的 5 只股累计权重不超过指数 60%,成分股平均日交易额超过 5 000 万美元,如果指数至少有 15 只股票则超过 3 000 万美元的指数。沪深 300、上证 50、中证 500、中证 800、中证 1000 等都属于宽基指数。与宽基指数相对的是窄基指数,窄基指数对成分股的选择是有条件的,多为行业指数、主题指数等,比如白酒主题指数、养老产业指数、医药行业指数等。

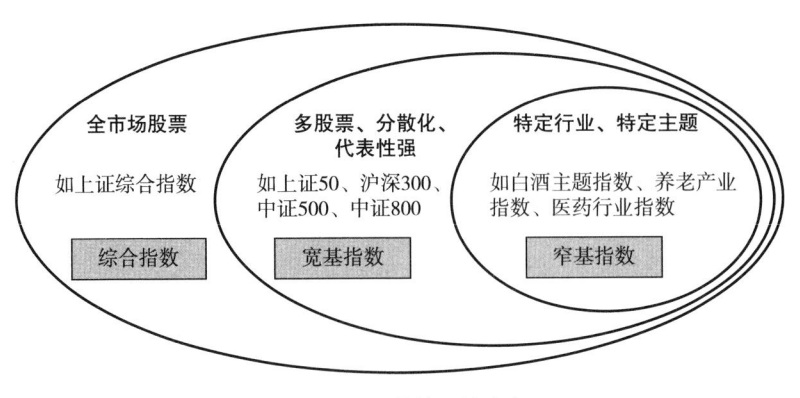

图 7-2 指数基金的分类

对于养老金的投资，比较推荐配置宽基指数基金，比如跟踪沪深 300 的指数基金，或者跟踪中证 500 的指数基金。

在单边牛市中，指数基金通常能够比主动管理类基金获得更大的涨幅。如果距离退休的时间超过 10 年，投资于指数基金获得盈利的概率是非常大的，而且收益率很可能不会低于主动管理的基金。

适合积累养老金的基金定投

在投资领域有一种能力叫作"择时"。美国经济学家、诺贝尔经济学奖得主威廉·夏普（William F. Sharpe）曾指出，投资者要对市场预判达到 74% 以上的准确率才能通过择时获得盈利。如果想买入和卖出都分别踩到市场的最低和最高点上，那要比在空中接住一把飞刀更难。其实即便是从事金融投资的专业人士，也很少有人能准确预判市场的"底"和"顶"，做到低买高卖。

但是，养老金是长期投资，作为养老金的投资者，其实我们并不用过多考虑择时，只要把资金相对均匀地分散在每一个时段进行投资，就能够获得一个比较均衡的收益。这个做法就是基金定投。基金定投是在约定的时间对预先选定的基金自动投资，日积月累，基金份额积少成多。更重要的是，不论基金净值如何变化，定投会平滑基金的申购成本。举个例子，投资者每月 1 日定投 1 000 元某基金，在基金净值高时，申购的份额就会少一些，基金净值低时，申购的份额就会多一些，综合下来，这位投资者的平均成本是 1.54 元（见表 7-1）。

表7-1 定投对平滑成本的作用

时间	1月	2月	3月	4月	5月	6月
基金净值（元）	1.400	1.450	1.510	1.705	1.650	1.540
申购金额（元）	1 000	1 000	1 000	1 000	1 000	1 000
申购份额（份）	714.28	689.65	662.25	586.51	606.06	649.35

如果说投资指数基金是对冲择股或者择基的风险，那么定投就是对冲择时风险。基金定投有很多优势，比如平滑成本、积少成多、省时省力、复利效果等，但核心的功能就是对冲择时的不确定性，所以基金定投这个方法非常适合养老金配置，只要长期坚持，就能对冲市场波动的风险，收获投资成果。

适合领用养老金的基金定赎

基金定投很常见，但基金定赎恐怕没有多少人听说过。其实基金定投和基金定赎是一对相对的概念，基金定投是按约定的时间对预先选定的基金进行自动投资，而基金定赎是按约定的时间对预先选定的基金进行自动赎回。基金定投和基金定赎有些类似于银行存款的零存整取和整存零取。

基金定赎其实非常适合在领取养老金的时候使用。当我们以基金投资的形式积累了一大笔养老金，并准备开始领用时，相比一次性赎回基金，我们每月定额领取，剩下的基金份额能继续享受投资收益，这是一种更好的方案。比如，我们在政策型养老金之外，通过投资积累了净值总额为50万元的基金，除了每月领取政策型养老金，我们每月通过基金定赎给自己额外发2 000元的养老金，即便不考虑投资增值，也能够领取250个月，也就是20

多年。如果计算投资增值部分，领取的时间可能会更久。

银行理财与公募基金的选择

银行理财和公募基金是两种最为普及的理财工具，门槛都比较低，投资便利性也很好。那么这两类产品该如何选择呢？有一个诀窍：投资固定收益类资产可以更多地考虑理财，投资权益类资产可以更多地考虑公募基金。这是因为银行和基金公司各有所长。银行理财产品起源于固定收益类投资，银行的专长是管理信用和债务，银行理财按照期限和收益率进行产品输出的形式非常便于投资者做理财管理。而债券基金采用的是净值化管理，大多有申购/赎回费用，如果持有半年左右，扣掉申购/赎回费用之后的收益率其实和货币市场基金差不多。因此在中低风险产品的选择上，银行理财比债券型基金更有优势。

对于高风险的产品，也就是涉及股票等权益类资产投资的产品，则是基金公司的老本行。基金公司从1998年就开始专注于股票市场的投资，具备一套完整的体系。银行理财涉足权益类市场的时间比基金公司要短，而且银行发行的权益类产品也大多是采取委外管理的模式，也就是委托基金公司进行投资管理。

因此，银行和基金公司各有所长，银行的强项在固定收益类产品，基金公司的强项在权益类产品。那么具体到理财投资上应该如何操作呢？记住一点即可：以产品的风险等级为标准，风险等级在R3级及以下的产品推荐优先选择银行理财产品，风险等级在R3级以上的产品推荐优先选择公募基金。

第三篇 高阶养老——你也行！创造持续性收入

第八章
价值输出：以技术换取持续性收入

没有冬天的泰国普吉岛

东南亚国家地处热带，草木繁盛，气候湿热，那里的海岛更是宜人的3S［阳光（Sunshine）、海浪（Sea）和沙滩（Sand）］养老胜地。只要准备好充足的养老金，就可以做一只"候鸟"，在北半球的冬天飞到赤道附近栖息。

进入舒适区赚钱

在本篇之前所介绍的养老金,都是我们在退休之前通过投资积累形成的养老金,退休之后不断取出供自己养老之用。这种养老金有一个问题,就是只能"坐吃山空",越来越少。如果我们的寿命足够长,可能总有一天会感觉养老金不够用。

退休了就只能"坐吃山空",养老金不够就只能节衣缩食吗?其实即便在退休之后,还是有很多途径和方法能获得持续性收入的。

如果问我们:"愿不愿意延迟退休?"相信绝大部分人的回答是不愿意。辛苦了一辈子,到了 60 岁多岁还不能休息,是不是感觉凄凉又无力?但是,如果换一个问题:"退休以后愿不愿意按照自己的意志来从事自己有兴趣又擅长的事,并获得一笔可观的收入?"是不是瞬间就变得有吸引力了呢?

其实在退休之后,我们也会面临很多问题:有人会觉得生活无聊,有人会觉得退休金不够,也有人会觉得自己的人生不够精彩。这时候如果能做一些自己擅长的事,既能获得收入,又能对别人提供帮助,还能实现自我价值,那么精彩的人生才真正开启。

延迟退休和自愿从事擅长的工作,区别只有两点:一是是否遵从自己的意志，前者是被迫的，而后者是自愿的；二是收入的形式，前者是固定的、计划内的收入，而后者是在养老金之外的计划外收入。"自由意志＋计划外收入"的组合，别说是退休后了，即便是没有退休的人都会无限神往。

虽然很多人在工作时厌倦了每日上班枯燥的节奏，期待退休之后可以四处云游或者每日发呆，但其实真的退休了，长期闲云野鹤般的生活也会变得无聊。这就是围城效应。如果可以根据自己的意志，选择一件自己擅长的事情，还能够带来收入，会使自己的退休生活更加精彩，同时也能使自己的生活水平更上一层楼。那么什么样的工作是退休后的理想工作呢？应当满足以下三个特点。

第一，适合退休后从事的事情应该是脑力劳动而非体力劳动。美国西雅图纵向研究机构自1956年起做了一个关于人类寿命的研究，针对6 000人进行了长达40年的脑力调研。研究结果发现，40～65岁的人，在归纳推理、语言记忆和空间感等方面的表现最为出色，其中男性脑力的最佳时期在50多岁接近60岁时，而女性的最佳时期是在60岁之后。在退休的年龄前后，人类的脑力会达到一生之中的巅峰，而体力却在大幅下降，所以退休后适合从事的事情必然是脑力劳动，而非体力劳动。

第二，适合退休后从事的事情应该是不需要投入本金的事情。退休后大多数人都是"坐吃山空"的状态，一定不能拿养老金去冒险。自己希望继续从事的事情，如果需要大量资本金投入，对于退休老人肯定是不适合的。

第三，适合退休后从事的事情最好是具有一定技术性门槛的事情。老人的优势在于在某个行业有丰富的经验积累，这本身就是一个技术性门槛。可能在一个领域内很多看起来非常复杂的问题，或者让年轻人感觉非常头痛棘手的问题，对于有经验的老人却是易如反掌的。那么用这种技术来赚钱，不是相当于"满级开挂"了吗？

做自己熟悉且擅长的事情，不需要本金投入，对别人来说又有技术壁垒，这不明摆着就是进入自己的舒适区赚钱吗？至于具体做些什么，完全可以按照自己喜欢的形式。喜欢社交的人，可以从事一些以交流、传授、讨论为主的事务，如专家顾问、老师等；喜欢分享的人，可以从事自媒体行业，拍拍视频，把自己的经验与故事分享给需要的人；喜欢安静独处的人，可以当一位退休作家，做一名专栏作者，或者写一本书，把自己的专长用文字记录下来和传播出去。如果这些事情能够让我们感到快乐、获得成就，还能获得持续性收入，那么何乐而不为呢？

越老越值钱的专业知识

在很多行业，我们都能看到满头白发却还在工作的老人，他们在单位备受尊重，其专业意见也具有相当的权威性。这些老人显然已经过了退休年龄，但因为他们在特定领域有着极高的专业造诣，所以被高薪返聘到一些关键岗位以提供技术指导。

以医生为例，这绝对是一个对经验高度依赖的职业。无论是中医还是西医，在这一点上都是相通的。培养一名合格的医生，通常需要10年左右的本硕博连读，然而即便是博士毕业，对于医生而言也才算是刚刚出道，还需要大量实战经验的积累，才能独当一面。在医生这个领域，60~80岁其实是黄金时期，这个年龄段的医生可能是经验最为丰富的行业专家。很多返聘的医生都需要 300 元、500 元甚至千元的特需号挂号费，患者之所以愿意花高额的挂号费，图的就是这些老专家"身经百战"的经验。

除了医生，还有很多职业也是越"老"越"香"的。比如老师、会计、律师、工程师、艺术家，这些以脑力劳动为主的职业，都是能够享受到"经验红利"的。另外，还有一些看似吃"青春饭"的职业，到老年也能够通过转型实现价值，比如运动员，虽然年纪大了不能再凭身体竞技，却可以凭年轻时积累的经验转行成为教练，继续在本行业进行持续的价值输出，因为没有人比在一个竞技项目上拿过好成绩的选手更能够理解运动员的成长历程。

老年人的自媒体

曾有一位年轻的自媒体主播，因为自己的奶奶而意外走红。这位主播的视频号定位是分享一些大自然的美景和美食的短视频，但因为题材比较普遍而一直没能获得大量粉丝与点赞。后来突然有一条点赞破万的短视频，内容是她的奶奶对蘑菇的知识分享。

这位主播在山间拍摄了一些蘑菇，颠覆了人们对于蘑菇的认知。稍有常识的人都可以分辨长成"红伞伞、白杆杆"样子的蘑菇，可能是有毒的，最好不要吃。主播也拍到了红艳艳的伞盖上点缀了一些白色斑点的蘑菇，她的奶奶解释说这种蘑菇叫作毒蝇鹅膏菌，确实是有剧毒的。这种菌盛产于日本，也是很多日本游戏中出现的标志性蘑菇。

但是，这种简单的分辨方式并不适用于所有场景。随后老奶奶展示了一种具有鲜橙色伞盖的蘑菇和一种外观普通的白色蘑菇。按照越鲜艳越有毒的"常识"，大多数人会认为鲜橙色的蘑菇是有毒的,而白色的蘑菇是可食用的。但老奶奶说鲜橙色的蘑菇叫作拟橙盖鹅膏,是一种非常好吃的食用蘑菇,可以做成美味的菜肴。而白色的蘑菇则是一种致命的剧毒蘑菇,名字叫作鳞柄白毒鹅膏菌,吃完真的会"躺板板,埋山山"。视频颠覆了普通人的认知,同时小孙女与见识渊博的奶奶形成对比和反差,因而获得了大量点赞。

在自媒体发达的今天,很多老年人愿意在自媒体上分享一些经验,而自媒体除了直播带货和广告,本身达到一定的播放量也是可以获得收入的,这也是短视频平台为吸引创作者和对优秀作品的激励。老年人拍摄一些有趣的短视频,完全符合做自己熟悉且擅长的事情、不需要本金投入以及具有一定技术壁垒这三条原则,是利用退休时间获得持续性收入的又一种良好方式。

其实现在已经有很多老年人开始玩自媒体了,而且针对各类差异化的用户都有细分领域。比如有专门针对老年人的一些生活小技巧分享,也有针对一些专业领域的经验之谈,还有给小朋友讲故事的知识分享。相比年轻人,退休老人在时间上、经验上具有更多的优势,只是一开始在操作上可能会存在一些障碍,但入门后就不是问题了。

玩短视频并不一定要以盈利为目的,本着娱乐的心态分享一些有价值或有趣的内容,也是老年人的一种娱乐方式,如果能够额外获得一笔收入,岂不是两全其美?

有一种收入叫版税

可能有很多人在工作中积累了大量理论知识与实践经验,或是在生活中储备了大量感悟与心得，但苦于工作太忙，没有时间和精力将这些内容整理成文字记录下来，那么退休后就是最合适的时机。

一些期刊、网络媒体、知识平台会长期征稿，将自己擅长或感兴趣的内容写成文章发表，即可获得相应的稿酬。在一些特定的领域，如果具备相应的专长，更是可以成为专栏作者或者签约作家，长期进行供稿。如果能整理出极具价值的内容，也是可以交给出版社编辑成为图书来出版发行的。如果能够因此为读者提供帮助，也能使自身的价值更广泛地得到体现。而且，作者可以持续性地获得版税收入。

除了写作，也可以给自己的一些发明创造申请专利，通过持有专利，也可以获得不菲的收入。还有一些影视创作者，比如编剧、导演或演员，他们都没有严格意义上的退休年龄，很多"老戏骨"都是随着阅历的增长，演技也随之"深入骨髓"，创造了一部又一部经典的佳作。他们通过持有影视作品的版权，也是可以获得持续性收入的。

我们在旅游时，是不是经常会碰到满头白发的老年人扛着"长枪短炮"拍摄各种风景照、动物照、人像照呢？这些老年人很可能是某个摄影家协会的成员，他们的照片是可以进入一些商业图库进行销售的。如果照片被选中，就需要支付版权使用费。喜欢拍照的老年人，一边旅游，一边通过自己的兴趣爱好就可以实现源源不断的版权收入。

通过著书、专利等方式获得的收入统称为版税，也叫版权使用费。版税是知识产权的创作者或者版权的持有人对其他使用其知识产权的人所收取的费用。以专利为例，当自己持有的专利被别人使用时，就会收到专利使用费。专利被使用的次数越多，那么自己获得的版税也就越多。

无论是因为专业技术知识过硬而应邀返聘，还是利用自己的专长做一些自媒体创作，又或是通过著书、发明专利以及拍摄影视作品获得版税，都是非常适合退休人群继续开展的事业。退休人群可以继续散发光和热，同时也不失为一种健康积极的生活方式，还能够为自己补充一份可持续性的养老金收入，也算是名副其实的夕阳无限好了。

第九章
坐享红利：股东们的养老方式

波兰克拉科夫的中世纪广场

在维斯瓦河上游的左岸,盘踞着一座中世纪的古城——克拉科夫。这里曾是波兰的首都,有全欧洲最大的中世纪中央广场。静静地坐在广场的长椅上,看着往来的马车,喂喂成群的鸽子,可以清楚地感受到时光摩挲着从皮肤上爬过。

股权永远不会退休

在这个世界上,绝大多数的人需要靠自己的劳动获取收入。当劳动停止时,因劳动而获得的收入也就停止了。这时候就需要靠制度型的养老金或者积蓄来给自己养老。靠劳动获取收入的人,我们可以称为工薪族。但有一小部分人并不关心自己的养老金,因为他们根本不用为自己的养老钱发愁。他们即便停止劳动,收入也不会因此而受到太大的影响,因为他们是公司的所有者,只要公司还在运转,他们就可以获得源源不断的收入。这些人可以是老板,或者是股东。

创建一家属于自己的公司,并发展壮大。到自己退休时,只要持有公司的股份,就能持续从公司获得分红。其实已经有很多人尝试创业,初始目的也非常简单,就是实现财务自由。在实现财务自由之后,其实什么时间退休就变得不再重要了。只要自己喜欢,即便30岁也可以"退休"。

通过经营公司并持股成为老板,有两种方式。一种是从头创业,另一种是以高管身份加入一家公司并获得一定数量的股份。从头创业非常辛苦,也会伴随巨大的风险,但相应的收益也能最大化。初创公司需要一定的资金投入,一般公司的创业启动资金大多来自股东投资，后期企业的发展壮大需要更多地依靠外部资金注入。初创期的公司很难获得银行贷款，因为银行更偏爱给运作成熟、收益稳定的企业发放贷款，不过股东可以以个人名义通过信用贷款、房地产抵押、股票质押等方式间接获得贷款，以实现对企业的投资。创业还可以采用股权融资的形式，通过出让股权获得资金。私募股权基金就是专门挑选有潜力和发展空间的企业进行股权投资，进而在后期通过退出等方式获得收益。股权融资分为很多个阶段，包括天使轮、A轮、B轮、C轮以及首次公开募股（IPO），最终可以上市获得大量融资。其实很多从头创业的人，也是赌上了自己的所有积蓄，甚至没有考虑自己养老的后路。很多成功的人在分享经验时，都会提到正是因为当年的孤注一掷和绝处逢生，才成就了一家公司的神话。但这里也有一些"幸存者偏差"，其实创业失败的案例比成功的要多。创业都是有风险的，如果能够在已经攒够一定养老金的基础上，或者给自己买好一份年金养老保险之后，再进行创业，会更加没有后顾之忧，即便创业失败，自己也还有一份基本养老金。

以高管身份加入一家公司并获得一定数量的股份，这种模式可以减少很多风险，但你自己必须是某一行业的顶尖人士或者具备某种极其出众的能力。

现在也有不少公司实施股权激励，对中高层甚至所有员工都给予公司股权，以此激发员工工作的积极性。但这大多是处于高速发展阶段的公司，它们通常不会给员工建立企业年金。如果对自己的公司有信心，不妨持有这些股权，随着公司的成长，或许这些股权将价值不菲，足够自己的养老之用。

持股收息，以股养老

如果我们既不想创业，又没有遇到能够给我们股权的公司，是不是就不能享受以股养老的待遇了呢？还真不是。即便没有真正去创业或者参与一家公司的经营，并不代表不能成为该公司的股东。想成为股东，最简单的方式是直接买入一家公司的股票，我们一样可以实现持股收息，以股养老。

有这样一个养老方案——用一笔资金对一家公司做投资，额度没有特定要求，这家公司将永久性提供以下这两点保证和一点不保证。

- 保证公司永远不会破产倒闭。
- 保证每年分红，且分红比例不少于当年公司利润的30%。
- 不保证本金，在通常情况下本金不会有太大波动，但在极端情况下本金可能出现重大损失，也有可能实现大幅增值。

仔细想想，这样一个方案其实还是非常适合养老的，但现实中真的有这样的养老方案吗？

举个例子，我们可以打开任意一个股票交易软件，查看一下"工商银行"这只A股股票。工商银行有"宇宙第一大行"之称，作为我国的国有大型商业银行，工商银行是不太可能破产或倒闭的。再看看工商银行的分红方案，2023年第一个交易日的收盘价为4.31元，过去5年平均每股派现均值为0.24元，相当于股价的5.56%。作为A股股票，工商银行虽然不保证投资本金，但是在通常情况下股价也不会有太大波动。在极端情况下本金可能出现重大损失，也有可能实现大幅增值。这就是上述养老方案的现实例子。

如果我们持有 100 万元的工商银行股票，每年平均可获得 5 万元左右的股息，税后平均每月可到手超过 4 000 元。我们对买入的股票保持持有，不做任何交易，只享受分红。只要持有 20 年左右，分红资金累计可达到 100 万元，即可完全回本，而且还可以继续持有并一直享受分红。多年以后，如果经济一直向好，工商银行的股票价格大概率是上涨的，由于我们没有做任何操作，股票也可以作为一笔财富传承给下一代。如果股价下跌，其实也并不影响我们每年收取股息红利，因为股票市值的多少与我们养老吃红利并无直接的关系。

目前各大国有大型银行的股息率基本都在 5% 左右，如果想分散风险，也可以将 100 万元分为 5 份，分别买入中国银行、农业银行、工商银行、建设银行、交通银行这五大行的股票，让这几家大型银行的分红来为自己的养老助力。

通过私募股权基金来买公司

如果手头资金比较充裕，但既不想自己创业，又不甘于银行股平庸的表现，也有一个方法能够通过持有公司股权来获得高收益或者长久享受分红，就是通过私募股权基金来帮助我们选择并投资公司。

私募基金是相对于公募基金而言的，是指采用非公开方式面向特定合格投资者募集的基金。按照中国证券投资基金业协会在产品备案时的分类，私募基金可以分为三大类（见图9-1）。

第一类是私募证券投资基金，主要投资于公开交易的股票、债券、期货、期权、基金份额等资产，这一类私募基金属于标准化产品，与公募证券投资基金的运作形式非常类似，但私募证券投资基金更强调绝对收益，同时在投资上也具有更大的自由度。这一类私募基金可以理解为公募基金的"高定版"。

第二类是以未上市企业股权、上市公司非公开发行或交易的股票为投资标的的私募股权投资基金，包括了私募股权基金（PE）和创业投资基金（VC）。这一类私募基金就是专门"买公司"的。

第三类是资产配置类私募基金，主要采用FOF的投资方式，对私募证券投资基金和私募股权投资基金进行投资。这类私募基金是通过买"别的基金"来实现收益的。

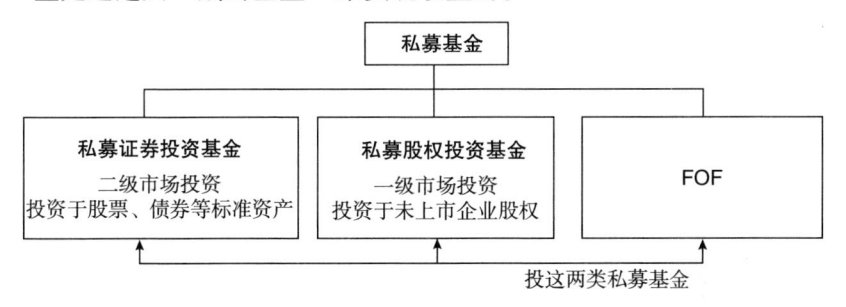

图9-1 私募基金的分类

要想参与私募基金，需要先成为"合格投资者"。私募基金的合格投资者是指"金融资产不低于300万元或者最近三年个人年均收入不低于50万元的个人"。对于私募基金设置这样的门槛是十分有必要的，尤其是对于私募股权基金，其风险和预期收益都非常高。私募股权基金主要以未上市公司的股权作为投资对象，具有本金完全损失的可能性，很多项目到后期是难以通过IPO等理想的方式退出的,只能折价清算。但是,在被投项目中一旦有一个项目成功完成 IPO,就能够实现"大翻身",收获数倍甚至数十倍于本金的回报。

私募基金按照组织形式可以分为契约型基金、有限合伙型基金和公司型基金三种。

契约型基金是通过契约的形式成立一个特殊目的载体①（Special Purpose Vehicle,简写为 SPV）,这个特殊目的载体只是一个信托产物,本身不具有法人资格。在契约型基金中,投资者委托基金管理人来管理和处置基金,并需要请专业托管人进行托管,契约型基金的运作是基于信托关系,投资者只享受基金的收益权,而不能参与基金的决策。契约型私募基金的参与人数上限是 200 人。其实公募基金、银行理财产品、信托计划都属于契约型资产管理产品。

有限合伙型基金,是投资者以有限合伙的形式参与基金,承担有限责任,成为有限合伙人（Limited Partner,简写为 LP）;基金管理人以少量资金参与基金,承担无限责任,成为普通合伙人（General Partner,简写为 GP）。作为普通合伙人的基金管理人负责基金的投资运作,按照合伙协议的约定收取管理费,而作为有限合伙人的投资者并不参与基金的管理,只享受基金的收益权。有限合伙型私募基金的参与人数上限是 50 人。由于有限合伙型基金并不是独立的纳税主体,所以可以避免双重纳税问题,加之有限合伙的普通合伙人一般都有业绩报酬条款,激励机制更到位,因此有限合伙型基金是目前股权投资基金的主流基金形式。

---

① 特殊目的载体是为特殊目的而设立的载体,以独立于其他资产。

公司型基金是以公司形式成立并运作的私募基金,所有的出资人都是公司的股东,由股东选举董事会,由董事会选聘基金管理公司,基金管理公司管理并运营整个公司型基金。公司型基金的机制比起契约型和有限合伙型更加健全,也有独立的法人资格,但也需要在公司层面进行纳税。正是因为公司型的私募基金太过规范,基金的重大事项都要依据章程规定,由董事会或股东大会决策,投资决策效率不高,而且存在双重纳税问题,因而并没有得到广泛的应用(见表9-1)。

表9-1 三种私募基金形式的对比

	契约型	有限合伙型	公司型
法律关系	信托关系	合伙关系	股权关系
参与人数	1~200人	2~50人	2~200人
法律依据	《基金合同》	《合伙协议》	《公司章程》
主体纳税	否	否	是

契约型基金在本书第七章的公募基金相关内容中已经做过比较详细的介绍,而公司型基金相对更正式、更规范,且具有双重纳税的问题,比较适合进行股权投资的就是有限合作这种形式,这也是在私募股权基金中占比最大的一种形式。如果是作为养老金储备,那么选择成为一个有限合伙人来投资有限合伙型的股权投资基金会是一个不错的选择。

如何选择私募股权基金

股权投资的期限通常比较漫长,而且未上市股权的流动性非常差,中间想要退出是比较困难的。因此,即便是为了养老储备,也要慎重选择。股权投资基金分为"盲池投资"和"明池投资",这是根据股权投资基金的底层资产是否提前确定并向投资者公开来区分的。

"盲池投资"就是不提前确定底层资产,基金先成立运作,遇到好的项目随时进行投资。如果进行"盲池投资",最好选择声誉卓著的头部私募基金管理人发行的产品,其实就是选择相信品牌的力量,把专业的事情交给专业的人去做。

"明池投资"就是在募集期就告知基金的投资项目,方便投资者做出基本判断,更考验投资者对项目的选择能力。如果自己对某些领域有专业知识的积累和储备,或者对于某些行业有清晰的判断,就更适合做"明池投资"。如果是养老金投资,"明池投资"会让人心里更有底。那么如果选择"明池投资",需要关注哪些问题呢?主要有以下几个方面。

第一,项目所在行业的情况。选项目之前先看行业发展前景,一般私募基金都偏爱潜力较大、发展前景较好的行业,而不会去选择一些过于成熟甚至是处于夕阳状态的行业。比如,20世纪90年代磁媒和胶片行业如日中天,包括磁带、磁盘、录像带以及胶卷,就出现了投资磁媒行业的基金。到了2000年,光媒开始取代传统磁媒和胶片,基金转而投资光媒行业,如光盘、DVD刻录机。又过了10年,刚兴起不久的光媒行业开始衰落,数码存储成为主流,基金又将投资偏好调整至数码存储相关的行业,磁媒和光媒在数码存储的优势冲击下从市场上几乎消失得无影无踪。而今在移动互联网时代,云存储又开始兴起,这会不会是另一个风口呢?因为科技赋能的加速,每一个行业都在高速发展变化,比如现在的新能源汽车正在侵蚀传统燃油汽车的市场,提前布局新能源相关领域的私募股权基金，大多赚得盆满钵满。如果选错了行业方向，即便是再优质的企业，也很难有可期的未来。

第二，项目在行业中的竞争力。对于一个朝阳行业，会有很多的竞争参与者，这个时候就要看所选项目在行业中的竞争力了。每个行业都有细分，如果所选项目在行业的细分领域能够占有较强的竞争地位或者市场份额，就更值得投资。或者，一个项目具备一款或一类极具竞争力的产品，有着与众不同的特色或者享有专利，那么也是有可能在未来迅速占领市场份额的。比如，同样是新能源汽车行业，面对 A、B、C 三个项目，A 项目拥有造车、电池以及软件等全链条技术，B 项目和 C 项目都仅拥有造车技术，那么就需要判断电池和软件是不是新能源汽车行业的核心技术，如果电池和软件不是核心技术，那么就不一定需要全链条，太过追求大而全反而会增加成本。但如果电池和软件是核心技术，却不被项目本身所掌控，那么当电池和软件涨价时，恐怕 B 和 C 两个项目就会陷入被动。

第三，项目持续经营的能力。在马拉松赛事里，最重要的并不是速度，而是耐力。企业经营也是一场马拉松，利润永远不是衡量企业好坏的最重要指标，维持企业生存和发展的根本不是利润，而是现金流。一家利润十分可观的企业可能因为一时的资金链断裂而直接倒闭，这样的例子举不胜举。但是只要企业能够保持现金流稳定，它就能够长期存活下去，把竞争对手全部比下去，成为行业龙头。所以，企业持续创造现金流的能力会比利润更加重要。

第四，项目的经营管理能力。任何项目都源于人。企业的掌舵人和管理团队在企业的发展中会起到至关重要的作用。通过与管理者接触、交谈可以直接了解他们的想法、计划、经营思路，也可以判断他们的学识、性格、管理能力。同时，通过公司的制度、工作流程、商业计划书等资料也可以间接了解管理者的能力。

第五，项目退出机制。股权投资的目的是盈利，经历漫长的投资期之后，一定要考虑最后如何实现盈利的目标，也就是如何退出。一般而言，IPO上市是私募股权投资最理想的退出方式，所以在选择项目时，一定要考虑被投企业未来的上市潜力和条件。当然，除了上市，也有收购等其他退出方式，这些都是要在投资之初考虑的问题。

如果想投资私募股权基金，选择自己了解的行业会获得更高的成功率。比如一名心血管科室的主治医师，对于心血管疾病相关的治疗药物的了解肯定要远高于普通人，那么如果有两个私募股权基金供选择，一个计划投资于照相机光学镜头的相关产业，另一个计划投资于心血管疾病新药研发的相关产业，当然要果断选择后者。

第十章
以房养老：与不动产的长期契约

比利时布鲁塞尔的味道

位于布拉邦特台地和弗兰德平原之间的布鲁塞尔是整个欧洲的心脏。 上城依坡而建，街头弥漫着浓郁的市井生活气息，咖啡馆、酒吧、海鲜店、冷饮店、服装店、鲜花店，鳞次栉比。 比利时巧克力是欧洲老年人一辈子心心念念的甜品，充满了儿时的回忆。

比工资还稳定的房租收入

1998—2018年这20年间，投资房产能实现远远超越股票、基金等理财工具的收益。我也见过持有多套房产，不需要工作，仅靠收房租就实现财务自由的人。对于这些超级房东而言，社保养老金似乎变得不那么重要了。手握几套房出租，每月就能实现上万元的现金流入，而且房屋本身价值不菲，如果是在一线城市，一套房产动辄要几百万元甚至上千万元。持有房产，以房租作为稳定的收入获取来源，这似乎是一种非常理想的养老方式。租金的收入看上去比工资还要稳定可靠，而且不会受到离职和退休等因素的影响。

靠投资房产养老，确实是理想的养老方式之一，但也存在着非常现实的问题。

首先，如果不想把自己住的房子租出去，那意味着我们至少得有两套以上的房子，才能实现以房养老。

其次，我们有空闲的房子可以出租，还得有市场才行。也就是得有人愿意租我们的房子，同时租金能够满足我们的养老所需。

最后，如果没有赶上2018年以前的房地产红利，想从现在开始投资房产来养老，恐怕是有难度的。当前的房价水平与居民收入相比已经处于高位,想投资房产需要大量的资金,而如果借助贷款杠杆,将有可能面临一定的风险和还贷压力。有可能花了大价钱进行房产投资,却面临房价下跌的窘境,而且过高的房价仅依靠租金收入恐怕很难实现回本。如果房价一直上涨,这些自然都不是问题。但当房价不能保持上涨时,投资房产与采用其他形式积累养老金相比就失去了性价比。靠买房实现财富跨越式增长的时代已经过去。1998年,随着《国务院关于进一步深化城镇住房制度改革加快住房建设的通知》(国发〔1998〕23号)的出台,中国的房地产进入全面市场化。此后出现了中国房地产的黄金20年。在1998—2008年第一个10年里,推动房价快速上涨的是中国人长期以来积聚的财富。而在2008—2018年第二个10年里,推动房价继续快速上涨的是信贷,在这个10年里,大多数买房的人都透支了未来20～30年的购买力。那么推动下一个房价黄金10年的驱动力在哪里呢?目前似乎还没有看到。

人口是决定房价在长期不会出现快速上涨的关键因素。2022年我国新增人口数据出现负增长,人口红利优势正在快速消失,即便已经逐步放宽了生育政策,老龄化发展的步伐依然很快。城市的家庭正在向着"4-2-1"和"4-2-2"结构(4个老人、夫妻2人、育有1～2个孩子)发展。相当一部分城市家庭的老人(第一代)都有独立住房,如果老人的子女(第二代)也有独立住房,那么在若干年后,大量房产就会聚集至老人的孙辈(第三代)名下,形成孩子在工作之前就能获得多套住房的情况,供求关系会反向发展,最终导致房价总体呈现下降趋势。

如果很幸运地在2018年以前已经持有了多套房产,在这种情况下是可以考虑持有并出租房产来养老的。我们可以通过出租房产获得持续性租金收入，也可以卖掉房产获得大量资金直接进行金融产品投资或者购买年金类保险，还可以通过以房养老的新型保险来换取现金流。

持有房产养老虽然有其优势，但也会面临三个问题：一是未来住房价格总体可能呈现下降趋势，将造成房东资产的缩水；二是如果房产所在城市的吸引力下降，或者因为房产的地段、户型、老旧等原因，也会导致房租水平的下降，会使未来收入打折扣；三是持有房产本身也需要大量成本，比如物业费、卫生费、北方城市的供暖费，以及房产税，都是房东持有房产需要持续支出的成本。

从总体上看，投资不动产来养老虽然是个不错的模式，但由于不动产红利的消失，持有不动产养老的模式也会面临一定的不确定性。如果已经拥有多套房产，是可以考虑持有并出租房产来养老的。如果想开始通过投资不动产来养老，建议在运用好政策型养老金的基础上，保障好基本养老金储备，再考虑运用结余资金投资不动产来养老。

不动产与金融资产养老的比较

无论是三个支柱的政策型养老金，还是我们自己通过投资股票、债券、基金、理财产品和保险来积累养老金，使用的都是金融资产。通过投资以住房为代表的不动产来养老，与通过投资金融资产来养老的方式，是存在很大差别的。

通过投资不动产来养老与通过投资金融资产来养老相比较，有几个显著的风险点需要注意。

第一,不动产的流动性差。不动产的流动性比大多数金融资产低很多,交易周期较长,通常需要数月,且手续比较繁杂。因此,不动产很难作为应急资产变现。

第二,不动产的价格受政策影响较大。不动产的价格波动受到各类政策的影响较大,包括土地政策、限购政策、税收政策、货币政策、学区政策等。

第三,持有成本高。持有不动产需要缴纳物业费、供暖费等房屋维护的费用。

第四,税务成本高。在不动产变现交易时,需要缴纳个人所得税、营业税等税费,也有可能在持有不动产时需要缴纳房产税。

但是,通过投资不动产来养老与投资金融资产来养老相比较,也有几个明显的优势。

第一,持有期可出租。不动产的所有权和使用权是可分离的,通过出租不动产的使用权,可以形成长期稳定的收益,是不动产投资的主要收益来源之一。而绝大部分的金融资产只能通过本金产生的利息或者持有证券的资产增值获得收益。

第二,不动产本身具有使用价值。不动产的使用价值与价格是分离的,不动产的价格波动并不影响其实际使用价值,房产可以用于居住。而金融资产的价值与价格是基本统一的。

第三,不动产附有土地价值。不动产本身附带了土地使用权,土地属于不可再生资源,在房屋遇到拆迁等情况时可能获得可观的补偿款。

综合以上几点比较,不难发现不动产和金融资产存在的差异。虽然不动产投资也是一种可行的养老方式,但其不能完全替代现金和金融资产,尤其不要背负过高的按揭贷款而牺牲流动性,否则一旦遇到急需现金的突发情况，将使自己和家庭陷入财务困境。不动产和金融资产可以结合起来使用，让养老金的来源更为丰富。

投资不动产需要考虑的问题

通过房产来养老，一般需要拥有二套以上的房产。统计数据显示，持有两套以上房产的个人或家庭其实不在少数。但很多人在投资第二套房产时，尤其是不以自住为目的的房产，就会比较在意价格因素，进而忽略很多影响房产价值的其他属性。如果想通过房产养老，就需要选择在租赁和交易市场上价格都能够长期坚挺的房产，而不仅仅是一套"便宜"的房产。

什么样的房产能够在租赁和交易市场上长期维持价格坚挺呢？这个问题其实和什么样的房子值得买是一样的。只有使用价值高的房子，才有人愿意出更多的钱来租或买，有人租、有人买的房子才有投资价值。综合来看，房子的价值与四个因素密切相关：地理位置、房屋硬件、小区环境以及配套设施。

第一，地理位置。地理位置充分反映了土地的稀缺性这一特殊的属性。房产所在的城市以及所在城市的区域都是决定房价的重要因素。在交通并不便利的时代，人口的流动是受限的，往往会由村镇至县城，由县城至省会。但在交通高度发达的今天，由于越大的城市用工需求越大而且薪酬越高，人们可以从农村直接到一、二线城市或者直接到国际一线大都市务工。因此，从人口聚集的角度来看，一线城市的房价会显著高于二、三线城市，而四、五线城市的房价会越来越难获得上涨空间。如果到达刘易斯拐点，一线城市饱和，人口有可能开始回流，那么最先流向的会是二、三线城市，很难惠及四、五线城市。所以选城市要参考人口流动情况，如果人口持续向一线城市流动，则一线城市房产会更具投资价值；如果到达刘易斯拐点，或者一线城市房价及生活成本过高，人口可能流向二、三线城市，在人口从一线城市向二、三线城市流动的趋势初期，二、三线城市可能也具有投资价值。四、五线城市的房产可作为居住用，但不建议投资。

房产在城市中的所在区域是另一个关于地理位置的关键因素。房产的位置直接影响着居民的通勤时间，每天往返挤2小时地铁和步行20分钟上班这两种状态在生活质量上的差距是非常显著的。也因此城市的房价与地段高度相关，例如北京市的房价从二环到六环呈现出明显的阶梯下降趋势。不过地处市中心的房产未必就具有最高的投资价值，一是这些地方的房价已经很高，上升空间有限；二是部分地处商务区中的住宅未必真的适合居住，到晚上或节假日会成为"鬼城"，比如上海的陆家嘴；三是SOHO办公①已经成为新趋势，会削弱对市中心房产的需求；四是市中心的房产通常以老旧房屋居多，并不满足人们新的居住需求。通常，与市中心距离适中的区域往往更具投资性价比，例如北京市的三环至五环之间，被认为是非常适于居住的区域。

第二，房屋硬件。房屋硬件就是房子自身的状况，也就是人们常说的户型等因素，包括房屋结构、主体朝向、所在楼层、动静分区以及功能细节。

房屋结构是房屋硬件的基础。通常，越是新建成的房子，房屋建筑结构会越好。总体上看，楼房的结构由以前的筒子楼，演

---

① SOHO 是 Small Office & Home Office 的缩写，SOHO 办公即小型办公场所或居家办公。

变到塔楼，再到比较理想的高层板楼，以及更宜居的花园洋房。高层板楼和花园洋房的居住体验明显好于前两者。

主体朝向决定了房子的采光和通风。最理想的朝向是南北通透的户型，非常有利于通风，冬暖夏凉，居住起来也很舒适。如果不能做到南北通透，那么南向、东南向的房子因阳光充足会更受欢迎，而北向、西北向的房子会不太受欢迎，因为北向、西北向的房子要么阴冷不见阳光，要么西晒严重。

房屋所在楼层也是房子质量的重要因素之一。视野开阔、阳光不受临近高层楼房的遮挡是选择楼层的重要考量因素，通常楼层越高，视野越开阔。但是选楼层也要注意考虑居住成员的情况，比如家里有老人居住的话，就不宜选择层数太高的楼房。而较低的楼层有可能被植物遮挡阳光，8~11层被普遍认为是灰尘较多的区域，楼房的顶层有可能会面临漏雨或温度偏高等问题。

动静分区是好户型的新标准之一，老式的房子并不太注意房子的动静格局划分与居住者的活动流向，新房子会将客厅、厨房、餐厅等活动区与卧室、书房等休息区进行分离，避免家庭成员互相影响。

功能细节主要体现在厨房、卫生间、阳台等功能性较强的房间的设计细节，包括是不是明厨明卫，面积是否够大，位置是否合理，是否干湿分离，阳台采光好不好，等等。

第三，小区环境。小区环境包括小区规模、噪声情况、居民素质、物业情况、绿化情况、车辆管理等方面。小区规模其实对于居住者影响不大，有人偏爱规模小一些的小区，有人则喜欢热闹一些的。但从租赁和交易的角度来看，规模大的小区交易量大，租售价格均会更稳定。小区附近没有噪声，没有污染源，没有大型工厂，居民综合素质较高，物业管理规范，绿化率高，车位充足且人车分流，这些都是宜居小区的必备条件。

第四，配套设施。与房价关联度最高的配套设施要属学区和交通两项。由于现在的人越来越重视子女教育，所以学区几乎成为房产最强的一项附加价值，房子能够配套一个好的学区，几乎可以忽略以上所有其他条件而照样卖出一个较高的价格。交通直接关系到居民的通勤与出行，因此地铁周边或者交通便利的房子通常价格会更高。除了学区和交通，房子周边的医院和超市等资源也会被考虑，但并不显著影响房子价格。

地理位置、房屋硬件、小区环境以及配套设施，似乎是很多人购买自住房时会重点考虑的因素，但在购买投资型不动产时往往会因为考虑成本控制而忽略很多因素。如果真的要以房养老，那么这里面的任意一个因素都可能长期影响房子的租金和市场价格。所以提升一些预算以争取更高的价值，从长期看是值得的。

还有两个指标，也是不动产投资时的重要参考依据。第一个指标是房屋的价租比。价租比是购房价格与出租房屋一年的租金价格，这一数据能够反映出在不考虑资金时间价值的情况下，按照当前房屋租金，通过租房多少年可收回购房本金。

$$价租比 = 购房价格 \div 房屋年租金价格$$

例如，钱女士花费 300 万元购入一套房产，将房产出租，年租金为 6 万元，则该房产的价租比为 50，即按照当前价格需要出租 50 年才能够收回购房本金。价租比越小，通过房租收回购房本金的速度越快。通常一、二线城市核心地段房产的价租比更高。

第二个指标是城市和小区的二手房交易情况。二手房交易是否活跃直接关系到房产的变现难度，二手房交易越活跃的城市和小区，房产越容易变现，价格相对也会更稳定。查看二手房交易量可以关注房产交易中心数据，也可以通过各大二手房网站或当地房地产中介查询。其实看一个区域的房产交易是否活跃，可以直接看区域附近的二手房中介公司有多少，中介公司越多，则说明交易越活跃。通常越大型的小区，二手房交易越活跃。

关于商业不动产的传说

我国的商业不动产在早期曾具有较高的投资价值，甚至有"一铺养三代"的说法。那么商业不动产适合做养老投资吗？

商业不动产包括只能单纯用于各种零售、批发、餐饮、文娱、健身、休闲等运营用处的不动产，与普通住宅、公寓、别墅等以居住为目的的不动产在功能和管理上有较大差异。这种类型的商业不动产我们也叫商铺。还有一种虽然是商业规划用地，但既可办公又可居住，这种类型的商业不动产我们也叫商住两用型公寓房。

如果投资得当，商铺确实能够带来巨大的经济回报，甚至远超住宅。如果能拥有位于繁华商业地段且客流量大的商铺，别说给自己养老，可能连自己的孩子都能无忧养老了。但是，这种商铺是可遇不可求的，现在基本已经绝迹了，不是简单的花大价钱就可以买得到的。目前的大型商业开发，更倾向于商业综合体，而开发商如果看好一个项目，大多会自己持有商业物业，进行统一规划和经营管理并获取利润。而对于一些住所、公寓、写字楼等底层商铺，开发商才会选择出售。简而言之就是"好的不卖，卖的不一定好"。那这种零星出售的商铺都有什么问题呢？

第一，这类商铺的售价越来越高，购买商铺需要占用大量的资金。第二，如今电子商务高度发达，线上购物逐渐挤占了线下购物的市场份额，商铺出租也逐渐遇冷。第三，很多地段的商铺开发过度，店面很多但都难以出租出去，尤其是三、四、五线城市已经存在大量无人问津的商铺。第四，商铺的变现难度较大，流动性差。因此目前商铺的投资价值已大不如前，建议对投资商铺养老持谨慎态度，万一砸在手里，就不是用商铺养老的问题了，恐怕会变成用养老金养商铺了。

商住两用型公寓房又如何呢？按照土地性质，房屋所占土地分为住宅用地和商业用地，住宅用地的产权是70年，商业用地的产权是40年。因此产权时间较短的商业用地的拿地成本会低一些，所盖的房子自然也就便宜一些。商住两用型公寓会比同地段住宅型的房产便宜不少，是否适合作为以房养老的投资目标呢？其实，因为产权期短、无法落户、水电费高、没有学区待遇等原因，大多数商住两用型公寓房是没有太大的投资价值的，二手房的交易相对也稀少得多。当然，也有一部分地段比较好的商住两用型公寓的租赁市场非常繁荣，比如地处某个大型商业圈或者位于写字楼聚集的地段，都有可能获得不错的租赁客源，相应地，这类商住两用型公寓的价格其实也很高，甚至超出一些地段稍远的住宅。

总体上看，商业不动产非常挑地段和客流，如果在早期能够持有优质的商业不动产，确实可以实现以房养老。但是如果想在当前的市场环境下再做商业不动产投资，可能很难找到高性价比的项目。

以房养老的新型保险

如果我们只有一套住房，还可以考虑以房养老吗？有一种创新型的养老保险——老年人住房反向抵押养老保险，就是为此而生的。2014年，原保监会发布了《关于开展老年人住房反向抵押养老保险试点的指导意见》，推出了这种以房养老的新型保险。

反向抵押养老保险是一种将住房抵押与终身养老年金保险相结合的创新型商业养老保险业务，60周岁以上拥有房屋完全独立产权的老年人，都可以参加这个保险。保险公司评估老年人房屋的价值后，会给出一份终身养老年金险的方案，房屋市场价值越高，老年人每年或每月可获得的养老金就越多。此时老年人需要将房产抵押给保险公司，而自己可以继续拥有房屋占有、使用、收益和经抵押权人同意的处置权，并按照约定条件领取养老金直至身故，也就是说活多久就可以领多久的养老金。老年人身故后，保险公司获得抵押房产处置权，处置所得将优先用于偿付养老保险相关费用。我们可以简单地理解为，老年人以自己身故后房屋的处置权作为交换，换取了一份终身领取的养老金。

这种保险自问世以来，其实在全国并没有受到热捧，主要原因是很多老年人还是希望将房产留给子女。如果参加这种保险，在自己身故后房产就会归保险公司所有，也就不能再传承给子女了。据统计，截至2019年3月，反向抵押养老保险业务在试点城市累计仅承保了100余户，投保人的平均投保年龄为71岁，无子女家庭占据总数一半，在咨询者中，失独孤寡、空巢、低收入老人占多数。

反向抵押养老保险在新加坡取得了不错的运行经验。新加坡

80%以上的住房是政府组屋（HDB）的形式，组屋是由政府出资建造的公共房屋，地契99年，是用纳税人的钱打造的津贴房，价格相对较低，管理权归属新加坡建屋局。2009年，新加坡建屋局推出了房屋契约回购计划，以政府名义开展住房反向抵押贷款。对于62岁以上、拥有三房及三房以下的组屋、家庭收入低于3 000新加坡元、房产没有被减值释放且申请时只购买了一套组屋的老年人，可将剩余租期出售给建屋局，老年人可继续在原有房屋居住并定期领取一定的养老金补贴。由于政府的参与，这项政策得到了不错的推行与应用。

如果只有一套房屋且没有其他养老金来源，是可以考虑采用反向抵押养老保险的，以此获取一个有经济保障的老年生活，也是不错的选择。

结语

北京大学的"一塔湖图"

外边的世界再好,也不如自己的家好。老年人都有落叶归根的心愿,看着自己曾经生活过、奋斗过、爱过、恨过、哭过、笑过的地方,自己的家人、孩子守在身边,还有什么是比这更惬意的事情呢?

由于工作安排，近两年我开始负责养老金业务。我的领导常说要"躬身入局"，进了养老金的圈子，才发现养老金业务是一个非常专业、精细并且涉及民生的重要工程。这两年正好赶上我国第三支柱个人养老金政策落地，各种工作忙得不亦乐乎，但也有幸深度参与了我国养老事业的发展与变革。

中信出版社的编辑很早就邀请我写一本关于养老金的书，但因为工作太忙一直没有抽出时间起笔，非常惭愧。我的住所离单位近30公里，工作日大量的时间会消耗在路上。2022年因为新冠肺炎疫情多次居家办公，虽工作愈加忙碌，却省出了不少原本浪费在通勤上的时间，而且每天早晨不用再很早出门，晚上也就可以多一些时间来写作。又恰逢第三支柱个人养老金政策落地，于是终于有了动笔的念头和理由。这本书的大部分章节是在2023年的元旦和春节期间完成的，我自己也创造了日书1万字的纪录。非常感谢家人对我的理解和支持。

进入养老金这个圈子之后，我经常被朋友和同事问关于养老金的问题：社保养老金以后能领多少？第三支柱该不该参与以及该怎么投资？在未来和现在之间应该如何平衡？等等。其实我们把人生拉长，无非分为三个阶段：第一个阶段是从出生到工作之前，大概20年左右，这一阶段大多数人在上学，是靠父母或家庭做经济支撑的；第二个阶段是从工作到退休，大概有30~40年，这一阶段我们通过工作赚钱养家，还有一个重要的任务就是为退休后的自己挣一份养老金；第三个阶段是退休后，按照我国人均预期寿命计算有 20 年左右，随着生活和医疗水平的提高，这个阶段的时间还会不断延长，在这个阶段，我们需要靠自己积累的养老金或者子女的供养来生活。第一个阶段学业的成果，在一定程度上决定了第二阶段工作的环境与收入；第二阶段的收入和财务管理方式，又决定了第三阶段退休后的生活质量。所以，人生是环环相扣的。如果我们现在处于第二阶段，去思考过往在上学时为什么不考一个更好的学校，为什么不选一个更好的专业，不如做好自己的养老规划，给自己的未来打好基础。

总结来说，关于养老我有以下三条建议。

第一，尽早了解养老金的相关政策，尽早做规划。

第二，用好各类养老金产品工具。

第三，保持身心健康。

做到这三点，相信就能够享受一个幸福的晚年生活。